es 1869

edition suhrkamp

Neue Folge Band 869

In dem ersten, 1955 erschienenen Roman von Cees Nooteboom, *Das Paradies ist nebenan,* reist der Ich-Erzähler von den Niederlanden über Paris in die Provence und von dort zurück in den Norden, nach Dänemark. In den 1991 erschienenen *Berliner Notizen* erkundet der Autor, von dem Standort Berlin aus, die Mythen und Befindlichkeiten der Deutschen. In seinem bisher letzten Roman, *Die folgende Geschichte*, legt sich der Ich-Erzähler abends in Amsterdam zu Bett und wacht am nächsten Morgen in Lissabon auf, das er durchstreift, um sich anschließend auf den Weg nach Südamerika zu machen. Und in *Umweg nach Santiago* durchquert Cees Nooteboom von Barcelona aus auf zahlreichen Umwegen und Umumwegen Spanien, bis er schließlich in Santiago de Compostela anlangt. Auf fast niemand anderen trifft folglich die Bezeichnung »europäischer Erzähler« so genau zu wie auf Cees Nooteboom.

Europäer, so Cees Nooteboom, ist man nicht durch Geburt, sondern »durch harte Arbeit«. Gleichwohl hält Nooteboom die Europäer für eine besondere Spezies, die von der Wissenschaft untersucht werden müßte. »Wir sind für Regionalismus, wenn damit etwas Wesentliches bewahrt oder gefestigt werden soll, und dagegen, wenn er sich gegen andere richtet, wir verachten das Krebsgeschwür des gewalttätigen Nationalismus, gleichgültig, ob er von Iren, Kroaten, Basken oder Serben kommt, kurzum, wir sind diejenigen, auf die niemand hört.«

Cees Nooteboom wurde 1933 in Den Haag geboren. Im Suhrkamp Verlag erschienen: *Die folgende Geschichte; Ein Lied von Schein und Sein; Rituale; In den niederländischen Bergen; Berliner Notizen* (es 1639); *Mokusei; Das Paradies ist nebenan* (st 1867); *Gedichte; Der Umweg nach Santiago; Im Frühling der Tau.*

Cees Nooteboom
Wie wird man Europäer?

Aus dem Niederländischen
von Helga van Beuningen

Suhrkamp

edition suhrkamp 1869
Neue Folge Band 869
Erste Auflage 1993

Deutsche Erstausgabe

Satz: Fotosatz Otto Gutfreund GmbH, Darmstadt
Druck: Nomos Verlagsgesellschaft, Baden-Baden
Umschlagentwurf: Willy Fleckhaus
Printed in Germany

5 6 7 8 9 10 – 05 04 03 02 01 00

Inhalt

Wie wird man Europäer?

Wie wird man Europäer? An erster Stelle, indem man einer ist, und das läßt sich bewerkstelligen, indem man zum Beispiel in den Niederlanden geboren wird. Es scheint auch in Sizilien, Ostpreußen, Lappland und Wales möglich zu sein, aber weil ich nun einmal ein niederländischer Europäer bin, ist es wohl das Beste, darüber zu sprechen. Niederländer zu werden ist einfacher, als man glaubt. Wer bereit ist, in der Gestalt seiner Vorfahren das Meer zurückzudrängen, das Land trockenzulegen, sich von Burgundern regieren zu lassen, seine Herzogtümer und Grafschaften schon zu einem sehr frühen Zeitpunkt in der Geschichte gegen eine Handvoll Provinzen einzutauschen und diese dann zur Republik der Vereinigten Niederlande zusammenzuschließen, wer achtzig Jahre lang Krieg gegen Spanien führen und Inselreiche auf der anderen Seite des Globus kolonisieren und sich wegen einer Handvoll verbliebener Monopole Seeschlachten mit England liefern will, das seinen Groll über jede verlorene Schlacht noch Jahrhunderte später in Ausdrücken wie *doubledutch, dutch uncle* und *going dutch* nährt, wer sich schließlich als wiedererstandener Batayer von einem Bruder Napoleons vorübergehend einem französischen Traum von imperialer Grandeur fügen und sich hundertvierzig Jahre später fünf Jahre lang von deutschen Truppen niederwalzen lassen will und während dieser ganzen Zeit weiter gerechnet, Hering gegessen, Handel getrieben, den Boden trocken gehalten und

Gott sei Dank auch gemalt, Mikroskope und Pendeluhren erfunden, am Seerecht gefeilt und Europäer höchst unterschiedlicher Herkunft aufgenommen hat, die aus ihren eigenen Paradiesen vertrieben worden waren; wer schließlich von guten Absichten in bezug auf den Rest der Welt besessen ist und die auch auf Teufel komm raus durchsetzen will, weil er überzeugt ist, die Welt besser zu kennen, als die Welt sich selbst kennt, da er sein Wissen von der Welt schließlich in langen Jahrhunderten als Käufer, Verkäufer, Regent und Opfer erworben hat; wer also die Bürde auf sich nehmen will, ganz, ganz klein und zugleich ein wenig groß zu sein, der ist Niederländer. Wenn sein Vater und seine Mutter während der fraglichen Zeit nun auch noch am richtigen Ort bleiben, wird er sogar als solcher geboren und erfüllt damit die erste Voraussetzung dafür, Europäer zu sein und es im folgenden vielleicht auch zu werden.

Einheit und Vielfalt Europas – ich habe versucht, diese beiden abstrakten Begriffe auf mein eigenes Leben zu übertragen. Denn wenn ich ein Europäer bin, und ich glaube, daß mir das jetzt allmählich, nach fast sechzig Jahren harter Arbeit, so langsam gelingt, dann bedeutet das folgerichtig auch, daß die europäische Vielgestaltigkeit meine niederländische Eingestaltigkeit beeinflußt und umgekehrt. Wenn das so ist, und in meinem Fall ist es sicher so, dann lohnt es sich vielleicht zu untersuchen, ob sich nachvollziehen läßt, wie dieser Prozeß vonstatten geht. Die Aufzählung all dessen, was meine Vorfahren getan und ertragen haben, war nicht nur eine Geistreichelei. Jeder Bürger ist nun mal außer all dem, was er sonst noch ist, ein Produkt, ein Sammelpunkt, ein Sammelbecken seiner eigenen nationalen Vergangenheit oder, um es paradoxer auszudrücken, er steht auf der Spitze einer Geschichtspyramide, die er gleichzeitig auf seinem Kopf balancieren soll. Das ist schlechterdings unmöglich, wird aber von ihm verlangt: Das Produkt der Geschichte muß – bewußt oder unbewußt – diese Geschichte mittragen: Sie steckt in seinem Nationalcharakter, seiner Sprache, seinem sozialen und kulturellen Erbe, und zwar einem, das man nicht ausschlagen kann: Man ist bereits etwas, bevor man geboren wird, und so wurde ich am 31. Juli 1933 nicht nur eine Person männlichen Geschlechts, sondern auch noch Niederländer im zwanzigsten Jahrhundert. Erst viel später habe ich – angesichts der zahllosen anderen Möglichkeiten in bezug auf Zeit und Ort und der einen Alternative in bezug auf das Geschlecht – angefangen, mich darüber zu wundern. Für Jorge Luis Borges war die *perplejidad*, die Perplexität, der Kern seiner Haltung gegenüber dem Dasein und der Welt, und ich sehe eigentlich auch gar keine andere Möglichkeit: Die im Gewand der jeweils anderen daherkommenden Manifestationen von logischer Prädestination und unsinnigem Zufall, die Ort und Zeit unserer für uns selbst so wichtigen, zugleich aber so ephemeren Individualität bestimmen, scheinen mitunter mehr mit einer Form von Fiktion zu tun zu haben als mit der sogenannten Wirklichkeit. Wir schreiben alle unseren eigenen Roman, aber irgendwie scheinen ein anderer Schriftsteller oder mehrere andere Schriftsteller bereits aufdringlich und unausweichbar in den Plot eingegriffen zu haben.

In einem meiner Bücher habe ich geschrieben, daß die Erinnerung wie ein Hund ist, der sich hinlegt, wo er will, und in meinem Leben ist das sicherlich so. Von meinen ersten fünf Jahren als niederländischer Staatsangehöriger weiß ich nichts mehr oder so gut wie nichts mehr, und ich denke, das kommt von dem Donner, mit dem ich am 10. Mai 1940, sechs Jahre alt, durch den Einmarsch der deutschen Truppen zum Europäer geschlagen wurde. Auch dies ist nicht nur eine Geistreichelei, ich glaube an diese Dinge, auch wenn ich den Zusammenhang erst spät erkannt habe. Seit einigen Jahren lebe ich einen Teil des Jahres, und zwar sehr gern, in Berlin, und erst jetzt wird mir bewußt, daß Deutsch die erste Fremdsprache war, die ich hörte, und damit auch das erste Stück europäischer Vielfalt, das sich mir darbot, beziehungsweise in diesem Fall aufdrängte. Schon vorher war ich durch die heilige Taufe in den mütterlichen Schoß der römisch-katholischen Kirche aufgenommen worden, einer trotz ihrer universalen Prätentionen doch sehr europäischen Institution. Nun habe ich das in Anbetracht meines Alters natürlich nicht richtig miterlebt, wenngleich es mich auf eigenartige Weise doch sehr befriedigt, daß die ersten Worte, die ein Fremder an meinen damals noch kahlen Schädel richtete, *lateinische* Worte waren, Formeln der marmornen Sprache, die mir später so wichtig werden sollte und Vater und Mutter all der europäischen Sprachen ist, die mit ihrer vielförmigen Schönheit, Klarheit und Sinnlichkeit das geistige Panorama geworden sind, in dem ich lese und lausche, ohne dem Geheimnis der Wörter je so nahe kommen zu können wie in meiner eigenen, unersetzlichen Sprache. Und das ist dann eine Hommage an das Vielfältige und zugleich an das einzigartige Eigene: daß man seine Bewunderung und Liebe zum Französischen, Katalanischen, Portugiesischen, Kastilischen und Italienischen optimal nur in der Sprache ausdrücken kann, in der Hadewych, Ruusbroec, Vondel, van Eeden, Multatuli, Couperus, Achterberg, Slauerhoff und all die anderen schrieben, deren Gedanken und Gedichte für Sie versiegelte Geheimnisse sind, und die für mich unersetzlich bleibt, weil sonst die letzte Nuance und der entfernteste Gedanke nicht ausgedrückt werden können.

Zurück zu Europa, Mai 1940. Heinkel und Stukas bombardieren den Flugplatz Ypenburg ganz in der Nähe unseres Hauses, mein Vater hat einen Sessel auf den Balkon gestellt und schaut zu. In meiner Erinnerung sagt er nichts. Später folgt die Bombardierung von Rotterdam, der Horizont rot gefärbt. Der Sechsjährige war von einem unaufhörlichen Zittern erfaßt, damit es aufhörte, wurde sein Rücken mit eiskaltem Wasser abgewaschen. Unterdessen wurde am Roman meines Lebens geschrieben, ich brauchte nichts dazu zu tun. Nicht lange danach hörte man auf der Straße und im Radio die Sprache, in der ich später Hölderlin, Handke, Mann und Goethe lesen und in der ich selbst vorlesen sollte, nachdem meine Worte übersetzt worden waren.

Die Zeit nach dem Krieg ist in meiner Erinnerung kahl und leer. Wieder hatte einer versucht, Europa durch Zwang zu vereinen, und wieder war er gescheitert, weil Europa nun einmal nicht hegemonial regiert werden kann. Diese Vielfältigkeit ist von einem Körper allein nicht zu verdauen, dafür bedarf es einer ganz anderen, äußerst geheimnisvollen Alchimie. Soweit war es damals noch nicht und soweit ist es nach meiner Überzeugung auch heute noch nicht, es sei denn, man glaubte, daß Geld die mythologische Kraft besäße, zu erzwingen, wozu die Seelen noch nicht bereit sind; aber die Seele ist vielleicht eine Kategorie, über die man hier in diesen heiligen Hallen nicht allzugern spricht, und sei es nur ihres unantastbaren Wesens wegen.

Unterdessen verbrachte ich diese leeren Jahre in Klosterschulen, einer tausend Jahre alten Erziehungsform, die von der europäischen Kulturgeschichte untrennbar ist. Durch die ersten Zeitungen, die ich las, drangen die Namen Adenauer und De Gasperi, Monnet und Schuman, Thorez und Togliatti, Franco und Salazar, Stalin und Molotow, Churchill und Eden an mein Auge, aber gleichzeitig erzählten mir Franziskaner- und Augustinermönche mittels Homer von den Irrfahrten eines Mannes, der mich nie mehr loslassen sollte, und durch Ovid, Buch II, Vers vierzehn und folgende, erfuhr ich vom göttlichen Ursprung Europas, von dem Gott, der so sehr in eine Königstochter verliebt war, daß er sich in einen Stier verwandelte und sie auf seinem Rücken entführte. Wer nicht oder nicht mehr genau weiß, wie das vor sich ging, kann es am Ende von Buch II nachlesen. So weiß wie unberührter Schnee ist das Fell des verliebten Stiers, seine Hörner sind von solch vollendeter Form, als habe sie ein Künstler geschaffen. Das Mädchen Europa hat schon fast keine Angst mehr vor ihm, sie hält ihm Blumen vor die schneeweißen Lippen, *mox adit et flores ad candida porrigit ora*, der verwandelte göttliche Verehrer ist beglückt und küßt ihr die Hände, sie setzt sich auf seinen Rücken, und dann ist es soweit, er *hat* sie und steht auf und läuft zum Meer und entschwindet mit ihr zu dem unsichtbaren Eiland, *tremulae sinuantur flamine vestes*, und ihre Kleider wehen hinter ihr im Wind ...

Das war damals. Diesmal sind wir selbst Europa und

werden uns selbst entführen müssen, und dafür bedarf es einer Zauberkraft, die nicht nur durch Vorschriften, Gesetze und Unionen beschworen werden kann. Wer das glaubt, kennt uns nicht, und mit »uns« meine ich in diesem Fall seltsamerweise »sich selbst«.

Was lernte ich sonst noch von den Mönchen? Während in Nürnberg die psychische und physische Abrechnung mit dem Grauen begonnen hatte, lernte ich niederländische und europäische Geschichte, ohne die man sich, nach Wiener Rezeptur, weder in seiner Eingestaltigkeit als Niederländer noch in seiner Vielgestaltigkeit als Europäer erkennen und damit kennen kann. Aber sie lehrten mich auch noch etwas anderes, plötzlich forderten endlose Mengen fremder Wörter und Sätze Einlaß in diesen lebenden Speicher, mein Gehirn, nicht nur lateinische und griechische, sondern auch französische, deutsche, englische. Die meisten, hoffe ich, leben dort noch immer. Erst waren es nur Wörter, später wurden es Gebilde, Texte, Gedichte, Geschichten, Philosophien, und mit jedem fremden Wort ging etwas von diesem Gesamtsystem von Empfindungen und Denkweisen, von Charakter und Geschichte, das jede dieser anderen Sprachen mit sich trägt, in mich über, doch bei meinen eigenen, ersten Versuchen, die in Buchstaben gefaßte Fremdheit auszusprechen, erkannte ich bereits, denke ich, ihre Widersprüchlichkeit. Hier war nun eine geträumte Vielgestaltigkeit, doch sie blieb zweidimensional, die Wörter waren nicht frei, sie lebten nicht an ihrem angestammten Platz, nicht in freier Wildbahn, der Löwe war zwar ein Löwe, doch ohne Wüste, es waren Wörter in den Käfigen von Wörterbuch, Syntax und Grammatik, wenn ich sie wirklich kennenlernen wollte, mußte ich sie dort aufsuchen, wo sie daheim waren, ich mußte mich auf die Reise begeben.

Auf Reisen bin ich seither immer geblieben, aber einmal war jenes allererste Mal, wenn einer sich an die Straße stellt, den Daumen hebt und sich zu der Vielgestaltigkeit der anderen aufmacht, erst in die geheimnisvollen, zurückweichenden Fernen der schwedischen Wälder und des Nordkaps, wo Europa sich zu verlieren und in die menschenlose Leere des Pols zu verschwimmen scheint, dann, mit einem Schock des Wiedererkennens, der immer noch nachwirkt, in den mediterranen Süden – die Provence und Italien –, in das laute und prachtvolle, theatralische, so hell erscheinende Europa, das den nördlichen Menschen immer wieder von neuem anzieht und von sich stößt, so daß er ein Leben lang Opfer seines eigenen suspekten Heimwehs bleibt, wenn er rings um den Parthenon oder zwischen den erhaltenen Monumenten des Forum Romanum umherstreift, von wo einst, vor zweitausend Jahren, Julius Cäsar aufgebrochen war, um die Belgier und die Bataver zu unterwerfen oder an sich zu binden, so wie auch die Gallier und die Iberer und die Helvetier und die Griechen in diesem ersten und für lange Zeit letzten Europa vereint waren.

»Wer schreibt, der schreibe im Geist dieses Meeres«, dichtete der niederländische Dichter Marsman. Ob mir das gelungen ist, weiß ich nicht, ich weiß nur, daß alle Schriftsteller, die die Mönche mich lesen gelehrt hatten, an diesem Meer oder in seiner Nähe gelebt hatten, Platon und Cicero, Homer und Catull, Sophokles und Ovid, bevor man selbst ein Wort geschrieben hat, hat man ihre Worte bereits gelesen, was man auch tut, könnte man ohne dieses Erbe nicht tun, das einzige, wozu man imstande sein wird, ist, nach den Worten von Octavio Paz, sich in die Tradition des Neuen einzureihen, Erbe in der endlosen Reihe anderer Erben, einer, der an dem unaufhörlichen Federkratzen und Murmeln teilhat, das nun schon seit fast dreitausend Jahren von diesem Kontinent aufsteigt, der fortwährende Diskurs, das Flüstern einzelner, der Dialog von Schulen, die Gedichte und Zeugnisse, von denen eines das Echo des anderen ist, der polyphone, hinreißende, sich selbst widersprechende Chor von Babylon, unser Chor.

Weil fast jeder Schriftsteller mit den Versatzstücken seines eigenen Lebens beginnt, schrieb ich mit zwanzig einen Roman, in dem ein empfindsamer junger Mann niederländischer Herkunft ganz Europa durchstreift, um ein geheimnisvolles Mädchen zu suchen, von dem er in der Provence gehört hat. Das Buch hieß, wenn man den niederländischen Titel wörtlich übersetzt, *Philip und die anderen*, wobei die anderen diejenigen waren, denen man auf Reisen begegnet und die die Vielfalt verkörpern. Wie Sie sehen, hatte ich schon beizeiten mit diesem Vortrag begonnen. Natürlich findet der junge Mann sie, und natürlich verliert er sie wieder, aber erst, nachdem er den Hafen von Kopenhagen für sie mit den Gestalten aus seiner ersten, persönlichen Mythologie bevölkert hat, mit Scarlatti, Paul Eluard, dem spanischen Dichter Bécquer und dem niederländischen Dichter Lodeizen, den wir sorgsam hinter dem Gehege unserer Sprache vor Ihnen versteckt halten, weil Niederländisch neben Albanisch die vielleicht versteckteste Sprache des Kontinents ist. Nachdem ich dieses Buch beendet hatte und damit zum Schriftsteller ernannt worden war, hätte ich meinem Freund, dem deutschen Philosophen Rüdiger Safranski zufolge eigentlich sterben müssen, und zwar deshalb, weil es ihm nicht gefiel, daß ich nach all den Jahren auf Abstand zu meiner früheren Unschuld gegangen war. Gestorben bin ich nicht, mir war eine bessere Idee gekommen, ich ging nach Spanien, und von dort bin ich eigentlich nie wieder weggegangen, eine europäische Schizophrenie, die nicht mehr heilbar ist, spaltet mich in ein südliches und ein nördliches Wesen; im Winter lebe ich in Amsterdam und in Berlin, im Sommer bin ich gnadenlos Spanien ausgeliefert, eines jener hybriden, überall unverstandenen Wesen, die an drei Orten gleichzeitig und zugleich nirgendwo heimisch sind, möglicherweise die ersten wahren Europäer, tapfere Versuchskaninchen des neuen Kontinents, die sowohl die Einheit als auch die Vielfalt in ihr eigenes Dasein inkorporiert haben. Man müßte uns untersuchen, wir sind von sehr großem Wert für die Wissenschaft. Wir lesen die *Frankfurter Allgemeine*, *The Guardian*, *Le Monde*, *Vrij Nederland*, *La Vanguardia*, *La Republica* und notfalls auch den *Diário de Notícias* und den *Osservatore Romano*, wir verabscheuen die Betise der großen Länder, die keine andere Sprache sprechen außer der eigenen und die dafür sorgen, daß das auch in der nächsten Generation so bleibt, indem sie im Fernsehen und in den Kinos alle anderen Sprachen hinter ihrer eigenen camouflieren, so daß sogar der *Klang* anderer Sprachen unterschlagen wird, wir verstehen nicht, daß dieselben Progressiven, die lamentieren, wenn eine unbedeutende Vogelart ausstirbt, lachen, wenn sie einen Menschen, vielleicht den letzten, in bayrischer Tracht sehen, wir fühlen uns erniedrigt, wenn wieder ein McDonald über einen Teller Lungen in Schwaben siegt, einen Teller *tripa* in Florenz, einen *haggis* in Edinburgh oder Stockfisch in Navarra, wir sind für Regionalismus, wenn damit etwas Wesentliches bewahrt oder gefestigt werden soll, und dagegen, wenn er sich gegen andere richtet, wir verachten das Krebsgeschwür des gewalttätigen Nationalismus, gleichgültig ob er von Iren, Kroaten, Basken oder Serben ausgeht, kurzum, wir sind diejenigen, auf die niemand hört.

Erlauben Sie mir, zum Schluß einen leichteren Ton anzuschlagen. Einmal habe ich versucht, alldem ein Ende zu machen, und zwar auf die einzige mir mögliche Art und Weise, in der Fiktion. Ich wollte mein geliebtes Vaterland so groß machen wie halb Europa und habe es daher am vorspringenden untersten Zipfel gepackt, sprich: der Provinz Limburg, genauer gesagt: Maastricht, und habe diese südliche Provinz zu einem Korridor langgezogen, der weit über die Alpen bis nach Slowenien reicht, so daß die Niederlande sich über den ganzen Balkan bis zur griechischen Grenze erstrecken – noch weiter zu gehen, wagte ich nicht. Die Südlichen Niederlande nannte ich diesen neuen Teil unseres Königreichs, eine bergige Region, in der der alles gleichmachende Fortschritt noch nicht zugeschlagen hat, wo das Eigene noch seinen Platz hat, wo ein mittelalterliches Niederländisch gesprochen wird, wo die Phantasie noch nicht in einer unseligen Einförmigkeit erstickt ist und die Einheit aus einer unverdorbenen Vielfalt besteht. Der Erzähler dieses Buches war das seltsamste aller Wesen, ein Spanier, der Niederländisch spricht, das Buch hieß *In den niederländischen Bergen*, und nach einer Reihe obligater Dramen lebten die Hauptpersonen glücklich bis an ihr Lebensende. Wer die Fiktion eines vereinten Europas Wirklichkeit werden lassen wird, weiß ich nicht, und wann das geschehen wird, schon gar nicht, aber ich weiß, daß viele Schriftsteller vonnöten sein werden, damit es für 350 Millionen Hauptpersonen ein gutes Ende nimmt.

Die Pfeile des Zenon

Für gewöhnlich ist es nicht Sinn der Sache, daß der, der eine Rede hält, seine Zuhörer mit den Problemen behelligt, die er beim Schreiben derselben hatte. Schließlich hat man ihn nicht umsonst dorthin gerufen, wo er jetzt steht. Man erwartet von ihm, sich zu einem bestimmten Thema zu äußern, und zwar aus dem Gedanken heraus, er sei sich seiner Sache sicher. Da wiederum bin ich mir nicht so sicher, denn ich tue zweierlei zur selben Zeit: Ich sitze an meinem Schreibtisch auf einer spanischen Insel, und ich stehe in Groningen und spreche zu Ihnen. Eine rätselhafte Geschichte, denn in beiden Fällen ist es *jetzt*, und die Tyrannei dieses Jetzt bewirkt, daß ich mit gespaltener Zunge spreche, etwas, was bei den Apachen, wie Sie sich erinnern werden, als verachtenswert galt. Vielleicht wollen Sie sich für einen Moment in die Schizophrenie meiner Gleichzeitigkeit versetzen: Das *Jetzt*, in dem ich spreche, ist ein Später oder Danach in bezug auf das Jetzt, in dem ich dieses niederschreibe. Das ist doch immer so, werden Sie denken, und vielleicht denken Sie auch noch: Wozu so viele Worte? Nun ist es aber so, daß zwischen dem Jetzt des Schreibens und dem Jetzt des Sprechens ein französisches Referendum liegt, das – um für einen Moment den hochtrabenden Ton der anderen anzuschlagen – über das Schicksal Europas und damit über Ihr und mein Schicksal entscheiden wird. Historische Augenblicke sind immer eine Verfälschung, da Millionen Atome der Absicht und des Zufalls – jene eigenartige Mischung, aus der Geschichte nun einmal besteht – auf einen solchen Augenblick hinführen und ihn sättigen, bis er endlich aufbersten darf. Das ist von jeher so gewesen, und die Tatsache, daß der Augenblick diesmal vorher angekündigt wurde, spielt an sich keine so große Rolle. Was eine Rolle spielt, ist der meta-historische Aspekt daran, und damit meine ich eine andere Verdoppelung des *Jetzt*: wenn die Akteure, die Protagonisten oder, wenn Sie so wollen, die Täter sich bei ihrem Tun unentwegt im Spiegel beobachten, weil sie darin die Geschichte anzutreffen hoffen, *caught in the act*. Das gilt für die Politiker ebensosehr wie für das Volk. Ich werde nicht so schnell vergessen, wie nach einer der großen Demonstrationen in Ostberlin in den letzten Tagen der DDR dazu aufgefordert wurde, die Transparente abzuliefern. Eine Woche später sah ich sie »als Leihgabe des Historischen Museums« bei einer Ausstellung im Martin-Gropius-Bau wieder. Ich weiß noch, daß ich das damals leicht pervers fand, und ich bin mir nicht sicher, ob es das nicht auch ist. Wir leben im fortwährenden Kreuzfeuer der Medienspiegel, sowohl die Genannten als auch die Ungenannten unter uns, und damit meine ich die Politiker – sie – und die Masse – uns –, zwischen denen eine gegenseitige Abhängigkeit besteht, und beide versuchen, sich gegenseitig den Spiegel der Medien als Waffe, Machtinstrument und Abwehr vorzuhalten; schließlich hieß nicht umsonst ein sehr einflußreiches Blatt im vorigen Jahrhundert *Spectator* und in diesem Jahrhundert *Spiegel*. Diese und andere Spiegel, die uns nicht gehören, sind es, in denen wir sehen, was geschieht, während es geschieht, oder was wir tun, während wir es tun, und in denen wir nicht nur unser fortdauerndes, unaufhörliches

Jetzt wahrnehmen, sondern auch noch fast täglich zu hören bekommen, was wir *jetzt* darüber denken – denn aus der Abstraktion, die wir sind, wird täglich eine kleinere Abstraktion herausgenommen, die uns angeblich repräsentieren soll und die sagt, daß *wir*, oder in diesem Fall *sie* mehrheitlich ja oder nein zu Maastricht sagen werden, wonach diese widerspiegelte Entscheidung die Entscheidung einer ebenso anonymen Abstraktion des morgigen Jetzt beeinflussen wird. Wie dem auch sei, wenn aus meinem Jetzt des 15. September mein und Ihr Jetzt des 23. Oktober geworden ist, wissen wir, was die Franzosen über uns beschlossen haben.

Es wird dann, denke ich, vor allem, wenn es ein Ja geworden ist, als Schnee von gestern betrachtet werden, nicht als etwas, worüber man sich so viele Gedanken hätte machen müssen, und doch berührt das Ergebnis in meinem Jetzt von damals, von vor dem Ausgang, alle Probleme, die Hans Magnus Enzensberger in seinem Exposé angesprochen hat.

Ich bin, so schließe ich aus der mir zugesandten Dokumentation, nicht der einzige Korreferent, der nicht genau weiß, was von einem Korreferenten eigentlich erwartet wird. Soll er – nachträglich – ein Basso continuo zur Arie des Referenten sein, darf er leise mitsummen oder sich als Chor aufstellen und eine dialektische Gegenmelodie entwickeln oder einfach selbst etwas singen? Ich habe beschlossen, ein Quodlibet daraus zu machen, ein Wie-es-euch-beliebt, von allem etwas und, ehrlich gesagt, auch ein wenig davon, wie es mir beliebt. Jäger und Sammler, das sprach mich an, meiner Ansicht nach gehört die Gattung Schriftsteller noch immer dazu. Ich führe ein Nomadenleben mit drei festen Weideplätzen – Amsterdam, Berlin und Spanien –, und zwischen ihnen reise ich, eine modifizierte Form von Zigeunertum, mit dem Mißtrauen, das dieses Leben hervorruft. Einer, der nie da ist oder jederzeit wieder weggehen kann, hat sich aus dem Gesellschaftsspiel hinausmanövriert und gehört nicht wirklich dazu. Daher will ich auf den Unterschied, den Enzensberger macht, etwas näher eingehen. Ich glaube, daß dieses Jahrhundert und ganz gewiß dieser Kontinent Nomadentum, gleich welcher Form – Asylanten, Flüchtlinge, Boat people, Zigeuner, Landstreicher –, nicht mehr erträgt. Man hat dort zu bleiben, wo man ist, man hat *seßhaft* zu sein. Wenn ich mir meine Zeitgenossen so betrachte, so haben sie ihre Autos nicht zum Reisen, sondern um damit abends wieder so schnell wie möglich an den Ort zu gelangen, von dem sie morgens aufgebrochen sind. Ähnliches gilt für den Massentourismus, das heißt, die zwischen zwei abgesicherte Daten gequetschte plebejische Imitation der *grand tour* – daher das Wort – aus dem vorigen Jahrhundert, wobei das, was imitiert werden sollte, sich in sein Gegenteil verkehrt hat: Möglichst wenig sehen, die Immobilität von zu Hause in einem anderen Klima wiederholen, wobei als Alibi meist eine vom *touroperator* – wieder so ein Wort – organisierte Veranstaltung dient, die die Besonderheit des jeweiligen Ortes auf banale Weise leugnet und verzerrt. Daß dieselben Menschen, die man bei einer solchen Veranstaltung bestaunt, kommen könnten, um uns mehr oder weniger auf Dauer zu bestaunen – das ist nicht vorgesehen. Anfang dieses Jahrhunderts, als Sozialisten noch keine Ahnung von wirklich Einkommensschwachen und vom Feilschen um halbe Prozente haben konnten, erzählte der niederländische Lyriker Herman Gorter von einem Traum, in dem er »die Arbeiter in silbernen Reihen an der Küste des Ozeans« tanzen sah. Daraus ist Torremolinos geworden, und die dort tanzen, haben keine Lust, das Fest mit anderen zu teilen. Sie haben es gerade selbst bis dorthin geschafft.

In den vergangenen Wochen habe ich ein neues Wort dazugelernt, *patera*, und im Fernsehen habe ich gesehen, wie ein *patera* aussieht, ein langes, schmales Boot mit einem kräftigen Außenbordmotor, das für ein Wahnsinnsgeld illegale Einwanderer, die häufig Jahre dafür gespart haben, mit größtmöglicher Geschwindigkeit von der Nordküste Afrikas zur Südküste Spaniens, sprich Europa, bringt. Die Summen, um die es dabei geht, machen dieses Geschäft für die marokkanischen Eigentümer der Boote lukrativer als den Rauschgiftschmuggel, mit dem sie bisher ihr Geld verdienten: Sechzig- bis hunderttausend Peseten pro Person, und das multipliziert mit sehr vielen Personen. Die spanische Polizei versucht, die *pateras* mit noch schnelleren Booten abzufangen, und häufig kommt es zu Unglücken, bei denen regelmäßig Menschen ertrinken. Auch das bekommt man im Fernsehen zu sehen, einen Haufen Leichen unter einer Plastikplane, *end of the line*. Das spanische Fernsehen ist sehr bildlich, dieser englische Begriff drückt gut aus, was ich sagen will, genauso wie die Bilder sehr gut ausdrücken, was da im Gange ist. Manchmal gelingt es einem Boot, seine Ladung dicht vor der Küste abzusetzen. Der Skipper dreht dann blitzartig um, und eine Anzahl Marokkaner, Algerier, Senegalesen, Ghanaer, meist Männer, vereinzelt Frauen, alle ohne Gepäck und ohne Papiere, watet dann langsam auf die verlassene dünenartige Landschaft zu, wo die Polizei, und das Fernsehen, zwischen dürren, bizarren Bäumen schon auf sie wartet. Dieser Anblick hat etwas unaussprechlich Erniedrigendes, Trauriges, noch verstärkt durch das dazugehörige Rezitativ – leise exotische Stimmen mit dem Unterton von Niederlage –, die auf französisch oder spanisch oder englisch erzählen, es sei immer noch besser, dieses Risiko einzugehen, als dort zu bleiben, von wo sie gekommen sind. Ein andermal klappt es, der Andrang ist so groß, daß es manchmal klappen muß. Auch davon sah ich ein Bild: Zwei hochgewachsene schwarze Männer in einer leeren spanischen Landschaft zur falschen Stunde des Mittags, auf der Suche nach einer Mitfahrgelegenheit entlang einer Straße, die nirgendwo zu enden schien, der Straße nach Europa, ein hoffnungsloses Labyrinth von fehlenden oder falschen Papieren, Ausländerpolizei, Schwarzarbeit, Grenzen, Abwehr, Feindseligkeit, Formen von Armut, die durch die Alchimie der Welt für diese Männer Formen von Reichtum sind.

Zwei Männer sind noch keine Völkerwanderung. Wären sie auf Enzensbergers Klimakarte zu sehen? Sind sie ein ganz kleiner Pfeil, der zusammen mit anderen winzigen Pfeilen auf eine Turbulenz hindeutet und damit auf »den normalen Zustand der Atmosphäre«? In der spanischen Tageszeitung *El País* war diese Woche ebenfalls ein solcher Pfeil zu sehen, und zwar in einem Cartoon von Maximo, der besser ausdrückte, worum es hier geht, als alles, was ich dazu sagen kann. Es ist schwierig, eine Zeichnung in Worten wiederzugeben, aber ich will es versuchen. Auf einer leeren Fläche ist nur der untere Teil von Europa zu sehen, die skizzierten, etwas undeutlichen und daher verletzlich wirkenden Umrisse der Iberischen Halbinsel. Darunter liegt Afrika, aber es hat nicht die gewohnte, ziemlich gutmütige Form einer schiefgewachsenen Birne, nein, es ist in die rigide und dadurch bedrohliche Form eines auf Spanien und damit auf Europa gerichteten Pfeils gezwängt. Da ich Blatt und Zeichner kenne, weiß ich, daß dieser Pfeil nicht als Stimmungsmache gedacht ist, sondern als Mahnung: Dies hier ist im Gange, dies ist das Problem, und dies wird in immer stärkerem Maße das Problem sein. In Gedanken zeichnete ich exakt denselben Pfeil nahe jener anderen Stadt, in der ich lebe: Berlin. Das Warum dieser Pfeile habe ich in den vergangenen Jahrzehnten gesehen: in Rumänien und Jugoslawien, in Niger und Mali, in Bolivien und Kolumbien. Es gibt keine Geheimnisse auf der Welt. Aber zu den Völkerwanderungen von früher gehören in Geschichtsbüchern Pfeile, die sich bewegen, auf der nächsten Karte waren sie bereits wieder irgendwo anders, die Kelten, die Westgoten, die Wandalen. Im Vergleich zu der Dimension ganzer Völkerscharen, die durch halbleere Kontinente zogen, bewegen sich die Pfeile, von denen wir hier sprechen, so schnell wie der Pfeil Zenons, nämlich gar nicht. Nur werden unsere Pfeile nicht durch ein sophistisches Argument aufgehalten, sondern durch Gewalt, auch wenn sie sich noch nicht diesen Anschein gibt. Erst wenn diese mögliche Gewalt als Bluff entlarvt ist, bewegen sich die Pfeile. Oder umgekehrt, wenn sich die Pfeile wirklich in Bewegung setzen, wird die Möglichkeit, sie aufzuhalten, möglicherweise als Bluff entlarvt. Was bei distanzierter Betrachtung von einem historischen Blick oder mit Spinozas *sub specie aeternitatis* noch als Turbulenz bezeichnet werden konnte, müßte dann Krieg genannt werden, ein völlig undenkbares Wort, ebenso undenkbar wie eine monatelange Schlacht um Sarajevo Ende des zwanzigsten Jahrhunderts – Anachronismen, die in ein rationales Denksystem nicht passen. Aber das ist ja vielleicht gerade der Punkt, die gestörte Rationalität in einer asynchronen Welt. Explosive Überbevölkerung gehört zu einer anderen Epoche als implosive Unterbevölkerung. Ein *jihad* weist Merkmale der Kreuzzüge auf, die das nominelle Christentum des zwanzigsten Jahrhunderts längst in den nostalgischen Archiven seiner fundamentalistischen Vergangenheit abgelegt hat. Und wer vom Süden dieser Welt in den Norden reist oder umgekehrt, hat oft das Gefühl, ihm sei entgegen den Gesetzen der Wissenschaft eine Zeitreise vergönnt. Asynchrone Systeme in einer synchronen Welt, die Vergangenheit des einen, den es in die Zukunft des anderen verschlagen hat, und auch das wieder umgekehrt – Anachronie als Spaltmittel; die materiellen Waffen des einen Zeitalters als Instrument für die Denkwelt des anderen, die *fatwah* per Computer, der Weg ins Paradies für den gefallenen Helden in der Mutter aller Schlachten verkürzt durch ein versengendes Blitzlicht, in dem kein Schwert mehr zum Zuge kommt, die gesteinigte Ehebrecherin aus der Wüstenstadt am selben Tag noch per Satellit ins Wohnzimmer gebracht, zusammen mit den Wechselkursen aus Tokio und der vom Zoll aufgehaltenen Völkerwanderung.

Am Ende eines Transatlantikflugs werden die Uhren umgestellt. Doch die einzige Zeit, in der das möglich ist, ist auch die einzige Zeit, über die alle sich einig sind, die Zeit des festgesetzten Maßes, die, in der gleichzeitig, und zu unserer Verblüffung, Dinge geschehen, die nicht zur selben Zeit gehören und sich daher gegenseitig ausschließen müßten, die unversöhnliche Turbulenz der Anachronie, die mörderische Belagerung einer europäischen Stadt, die in allen europäischen Städten zu sehen ist, die Tag für Tag fahler werdenden Masken des langsamen Hungertods zwischen Waschmittel und Katzenfutter, Anachronie als Obszönität, Obszönität als Normalität, wir sind abgebrühte Zeitgenossen. Und ich weiß: Meine Worte sind ein rhetorischer Wechselgesang zu den Riten des Rechts in der Kirche der geschlossenen Welt, die ihren Reichtum, den sie selbst meist nicht als solchen betrachtet, verteidigen wird. Und jene, die doch noch in die geschlossene Welt eingelassen werden, leben meist nicht in der Nähe der Kleriker, die das Recht verkünden, sondern von anderen, die darüber anders denken und das in zunehmendem Maße zeigen in Szenen der Wut und Ohnmacht, die manchmal noch am ehesten an Krieg erinnern, aber wiederum einen von früher, Schlachten begrenzten Ausmaßes, Scharmützel, Helme, Visiere, Schilde, Feuer und selbstgemachte Waffen.

Vor einigen Jahren war ich im Arsenal in Wien, das das Österreichische Heeresmuseum beherbergt. Dort wird die militärische Hinterlassenschaft der k.u.k. Monarchie bewahrt, Schiffsmodelle der Adriaflotte, Helme mit atavistischen Federbüschen, eine Anleitung in sämtlichen babylonischen Sprachen des Balkans, mit deren Hilfe ein Militärarzt einen rumelischen, ungarischen, serbischen, bosnischen, kroatischen Soldaten fragen konnte: »Warum kratzen Sie sich?«, und daneben Hunderte von Stoffmustern der verschiedenen königlichen und kaiserlichen Infanterieregimenter, auf daß man sich während einer fröhlichen Schlacht ohne Schwierigkeiten erkennen könne – und nach alledem, in einem Raum für sich, das

Auto von Sarajevo, zu Recht ein Museumsstück. In einer Vitrine, einem gläsernen Sarg ähnlich, lag die blutbefleckte Uniform des Erzherzogs, und auf einer Kommode in der Nähe das gedruckte Menü, das die Gesellschaft just vor der verhängnisvollen Fahrt verspeist hatte, eine ansteigende und abfallende Reihe von Gängen gemäß den kulinarischen Gesetzen der Belle Époque, endend mit dem Dessert, für das sich der Maître de cuisine einen prophetischen Namen ausgedacht hatte: *bombe à la reine*.

Das kommt mir zuweilen wieder in den Sinn, jetzt, da alle Briefmarken aus dem vergilbten Album ihr blutiges Comeback feiern. Vielleicht kann ich mein Gefühl des verzweifelten Déjà-vu mit einem Zitat besser verdeutlichen:

»Der Schriftsteller wußte inzwischen mehr über Bulgarien als irgend jemand sonst in seiner Umgebung. Nun war das nicht weiter schwer, denn von dem hoffnungslosen Hexenkessel des früheren Balkan hatte noch nie jemand etwas gewußt mit Ausnahme von ein paar Briefmarkensammlern. Bosnien, Serbien, Herzegowina, Rumelien, all diese hin und her tanzenden Grenzen, diese über die Landkarte irrenden Farben, wie zum Beispiel auf der *Ethnographischen Karte der Europäischen Türkei und ihrer Dependenzen zu Anfang des Jahres 1877 von Carl Sax, k. u. k. österreichisch-ungarischer Consul in Adrianopel* – Gelb für die schismatisch-orthodoxen Bulgaren, Braun für die islamischen Bulgaren, und all die anderen durcheinanderwirbelnden Farben des zerborstenen Prismas für die Gräko-Walachen, die griechisch-orthodoxen Serben, die römisch-katholischen Serbokroaten, und über alledem das Hin- und

Hergeschiebe mit den Staatsgrenzen, jede neue Grenze in unnütz vergossenem Blut getränkt. Das war vielleicht noch das einzig Sinnvolle an der Geschichte, die er schrieb, daß zumindest *er* sich damit beschäftigte, auch wenn er kein Hundertstel davon gebrauchen würde, von all den greulichen, makabren Visionen, die ihm aus diesen Karten und Seiten entgegenwaberten, vergessenes, vergangenes Gemetzel, Bindegewebe der Geschichte, Leiden, von dem man sich nicht mehr vorstellen kann, daß es wirklich geschehen war und aus irgendeinem Grund.

Leiden, dachte er, müßte etwas wiegen, es müßte ein eigenes spezifisches Gewicht haben, sichtbar sein wie ein sonst nirgends existierendes Erz, eine unveränderliche Währung, in der die Leichen, das Blut, die Wunden, die Krankheiten, die Demütigungen notiert wären und die auf dem Schlachtfeld, den Exekutionsplätzen, in den Gefängnissen und Lazaretten zurückbleiben würde, ein Mahnmal, das immer und überall das gleiche bedeutete.«

Das schrieb ich 1979 in einem kurzen Roman, *Ein Lied von Schein und Sein*, der ebenfalls im Jahr 1979 spielt, gleichzeitig jedoch, in einer weiteren Verdoppelung des *Jetzt*, im Jahr 1879. Das ist nicht möglich, aber in Romanen ist alles möglich, und so hört der namenlose Schriftsteller von 1979, wie der Militärarzt Fičew 1879, nachdem er an der Front die grausigsten Amputationen und andere Operationen ohne Betäubung vorgenommen hat, zu seinem Freund Georgiew sagt:

»Bulgaren waren Barbaren, genau wie die Russen und Türken, und der Balkan war eine Hölle, ein kochender Kessel voll Blut aus stupiden, sinnlosen Kriegen. Das einzige, was man damit machen konnte, war eine große Blutwurst, um sie dem Rest der Welt zu fressen zu geben.«

Und auch wenn Doktor Fičew nie existiert hat, so wußte er doch, wovon er sprach, nämlich vom gleichen, wovon wir, gut hundert Jahre später, auch wieder sprechen sollten, denn mögen die Namen der Miloševićs und der Karadzics aus dem vorigen Jahrhundert verschwunden sein, die Ortsnamen – Kosovo, Sarajevo – sind dieselben geblieben, genauso wie Mazedonien, Serbien, Herzegowina; jene, die dafür sterben wollen und es auch tatsächlich tun, haben sich nicht im Raum, sondern in der Zeit geirrt, und das Europa der Einswerdung blickt hilflos auf das Europa des blutigen Auseinanderfallens. Gerade weil es sich um einen Anachronismus handelt, wagt Europa nicht einzugreifen, das gehört zur Vergangenheit, dafür hat es sich schon einmal auseinanderreißen lassen. Die Folgen des Stammeskriegs will es allerdings auch nicht auf sich nehmen, einen endlosen Flüchtlingsstrom aus diesem und künftigen Kriegen, der sich langsam in Richtung Westen wälzt, wo die Wetterkarte ihre eigenen Prognosen bestätigt. Das einzige Land, das im Augenblick die volle Last trägt, ist Deutschland: dreihunderttausend im vorigen Jahr, fünfhunderttausend in diesem; zur Belohnung wird es von manchen fremdenfeindlich gescholten. Es gibt Leute, die sagen, Europa sei vital genug, um solche Menschenmengen zu absorbieren. Aber es gibt genug Leute in Deutschland, die sagen, daß Deutschland das nicht *allein* zu tun braucht – und hierbei meine ich nicht jene, die sagen, Deutschland bräuchte es gar nicht zu tun, und die durch die Art und Weise, wie sie das deutlich machen wollen, ein wiederum ganz anderes

Déjà-vu heraufbeschwören. Wer mit dem Finger darauf zeigen will, täte vielleicht besser daran, den Finger in die eigene Richtung zu drehen. Die Sache läßt sich rasch ausrechnen.

Gibt es eine Lösung? Die größte Dummheit bestand vielleicht in der Vorstellung, die Welt müßte logisch sein, und damit meine ich, daß keine sinnlosen Kriege geführt werden sollten, in denen Menschen für etwas sterben, für das man nicht mehr sterben sollte. Doch wer entscheidet darüber? Läßt sich das eichen? Wir sind vollauf beschäftigt mit unserer famosen und grandiosen Einigung, und jetzt kommt *ihr* unter dem Stein eurer Diktatur hervorgekrochen, die wir euch ganz insgeheim doch immer etwas verargt haben, und verderbt den so logischen und vielversprechenden, von der Zukunft so deutlich vorgezeichneten Lauf der Geschichte mit euren überholten, aus der Mode gekommenen Obsessionen, denen ihr überdies selbst noch zum Opfer fallt! Und seht nur, was ihr bei uns anrichtet! Wir kennen uns selbst nicht mehr! Alte Gespenster steigen aus dem Schrank, überall beginnt es zu brodeln, das Pfund schmilzt, die Lira verflüchtigt sich, das Geld saust verbissen rund um die Welt, weil sich plötzlich zeigt, daß wir nicht auf alles gleichzeitig achten können, da alles mit allem in einer Weise zusammenhängt, die noch niemand graphisch dargestellt hat. Durch unsere apotheotischen Träume ziehen bösartige Aufmärsche, wir werden an alles erinnert, was wir hatten vergessen wollen, die stereotypen Figuren aus dem antiquarischen Kasperltheater feiern fröhliche Urständ: der egozentrische Franzose, der Europa in einem Anfall schlechter Laune auseinandernimmt; der arrogante Deutsche, der mit seiner D-Mark um sich haut und dabei den perfiden Engländer trifft, der seinen Dolch für den Stoß in den Rükken Europas bereits gewetzt hat; der korrupte Italiener, der über seine Verhältnisse lebt und glaubt, der hart arbeitende Norden werde seine Schmarotzerrechnung schon bezahlen; die Niederländer, die jedem dreinreden und derweil an allem Geld verdienen; die Dänen als einziges vernünftiges Volk, das gerade noch rechtzeitig gemerkt hat, daß es in Brüssel und Straßburg stinkt – ach Europa!

Als das alles noch am Anfang stand, habe ich eine frivole Liste der neuen Posten zusammengestellt, die noch vor der Jahrhundertwende zu vergeben wären: Botschafter Lettlands in Katalonien, Botschafter Korsikas in Liechtenstein, Botschafter Kroatiens im Baskenland, Botschafter Litauens in der Republik Moldau . . ., doch das ist schon längst kein Scherz mehr. In dem Teil Spaniens, in dem ich lebe, werden alljährlich Fahnenkriege ausgefochten zwischen der spanischen, die nicht, und der katalanischen, die dagegen wohl gehißt werden darf oder muß, doch dabei fließt, anders als im Baskenland, noch kein Blut. Trotzdem hat der Präsident der *generalitat* von Katalonien, Jordi Pujol, schon mal einen Kommissar für Auswärtige Angelegenheiten ernannt – Europa bekommt noch zu tun. Relativiert werden darf die Problematik nicht, wie Hans Magnus Enzensberger und György Konrád jüngst anläßlich eines mitteleuropäischen Schriftstellerkongresses in Slowenien zu hören bekamen, auf dem, laut der *Frankfurter Allgemeinen Zeitung*, beide Autoren vom kroatischen Dichter Vlado Gotovać als zynisch angeprangert und wegen ihrer Hybris, ihrer Kaltschnäuzigkeit und ihres intellektuellen

Hochmuts »gegeißelt« wurden: Konrád hatte sich kurz zuvor spöttisch über die nationalistische Zersplitterung ausgelassen und diese durch eine weitere Zersplitterung der Zersplitterung ad absurdum geführt. Er hatte von der Irrationalität der Teilung gesprochen, von religiös-patriotischer Rhetorik, von Dialekten, die sich Literatursprachen wähnen und sich keine Gedanken darüber machen, ob die in einer solchen Geheimsprache verfaßte Literatur auch gelesen wird; er hatte von Ahnenforschung gesprochen, von Ethnozentrizität, von dem Wahnsinn, der am Rande Europas grinst.

So etwas darf man nicht sagen. Folglich fand auch seine Lösung keine Gnade: der allmähliche Aufbau einer mitteleuropäischen Föderation, in der die durch den Spaltpilz des Nationalismus einander entfremdeten früheren Einheiten in einem historisch weniger belasteten Verband doch wieder miteinander leben könnten, um so später in ein größeres, integriertes Europa aufgenommen zu werden. Seit er das gesagt hat, folgten die Metastasen ihren eigenen unheilvollen Wegen und ist wieder viel Blut geflossen. Die Alternativen lauten: ausbluten lassen, eingreifen, zuschauen oder sich in diesen apokalyptischen Flächenbrand hineinlocken lassen. Und der Niederländer? Er lebt in einem Land, dessen einzelne Provinzen, die in diesem Kontext Länder heißen würden, mit jeweils eigener Verwaltung, eigener Währung und eigener Kultur, sich bereits 1588 zu einer Republik zusammenschlossen. Er kann nicht verstehen, daß der Teil der Welt, in dem er lebt, der Rezeptur seiner nationalen Geschichte nicht folgen kann, wo es doch solch großartige Parallelen gibt. Aber so laufen die Dinge nicht. Die Dinge nehmen ihren eigenen, vielleicht zufälligen, vielleicht dialektischen, vielleicht vorherbestimmten, vielleicht chaotischen Lauf.

1975 stand ich mit einer englischen Fotografin vor der Moschee der heiligen Stadt Ghom im Iran. Der Schahin-schah regierte noch, und wir im Westen, die ihn als Tyrannen betrachteten, der er auch war, unterstützten, sofern die Höflichkeit gegenüber soviel Öl es erlaubte, die Studenten, Filmemacher und liberalen Politiker im Exil, die gegen seine absolute Herrschaft opponierten. An diesem Tag in Ghom jedoch bekam ich einen kleinen Vorgeschmack auf eine andere Art von Opposition. Als wir uns der Moschee näherten, wurden wir plötzlich von einem Schwarm schwarzgekleideter, hetzender und schimpfender Mullahs umringt. Einer von ihnen spuckte mir ins Gesicht, eine saftige Portion, die ich manchmal, wenn ich daran denke, mit einemmal wieder spüre. Diese Portion Spucke hatte, lange davor, eine Vorgängerin gehabt. Proust hatte seine Madeleine, ich meine Spucke. Die erste Portion bekam ich ins Gesicht, als ich, vom Hungerwinter aus Den Haag in die Veluwe vertrieben, als zehnjähriger katholischer Junge, wahrscheinlich durch ein Versehen in der unbegreiflichen Welt der Erwachsenen, auf einer protestantischen Bekenntnisschule gelandet war und dort von ein paar Christen meines eigenen Alters über den Spielplatz gejagt und in eine Ecke getrieben wurde. Haßverzogene Gesichter, die gibt es auch bei Kindern. Daran muß ich immer denken, wenn der Niederländer Maarten 't Hart über »Katholiken« schreibt. In dieser Ecke bekam ich meine erste Portion Spucke ab, in Ghom die zweite, und auch die hat mich etwas gelehrt. Ich schrieb damals, die Revolution im Iran könnte durchaus von den puristischen

Moslems ausgehen – auf das Wort Fundamentalisten war ich leider nicht gekommen. Der Bericht wurde im Mai 1975 veröffentlicht, und wenn der CIA des Niederländischen mächtig gewesen wäre, hätte er sich eine Menge Ärger ersparen können.

Was aber war geschehen? Wieder einmal war ich nicht nur am falschen Ort im Raum gelandet, sondern auch in der Zeit. Ich schäme mich immer ein wenig, wenn ich solche Worte benutze, doch auf diese Weise kann ich wenigstens etwas deutlich machen. Der Schah hatte sein Volk aus einem jahrhundertelangen Damals in ein übereiltes und unmögliches Jetzt gejagt, und darauf steht, das wissen wir aus Science-fiction-Romanen, eine schreckliche Strafe. Wer aus seiner eigenen Zeit gerissen wird, sieht einen Abgrund vor sich, ein Dasein, in dem es nicht auszuhalten ist, und so bedrohen wir uns gegenseitig in einer polychronen Welt mit unseren jeweiligen Anachronismen. Wer der Geschichte des anderen zu weit vorauseilt, wird für diesen anderen zu einer Gefahr, weil er dessen gesellschaftliche Errungenschaften wie Demokratie, Menschenrechte, Feminismus, Recht der freien Meinungsäußerung aus einer Vielzahl von Gründen ablehnt, ihn gleichzeitig aber um seinen materiellen Vorsprung beneidet und seine militärische Überlegenheit fürchtet. In der täglichen Synchronizität des Bildes leben wir mit den Visionen einer asynchronen Welt, einem Blutstrom von Informationen, die aus den allgegenwärtigen Zuschauern Mitwisser, Opfer, Täter und Komplizen macht. Ich kenne nur wenige, die sich dem entziehen können, die beschlossen haben, in einer Welt außerhalb der Welt zu leben, ihre Ohnmacht oder vermeintliche Ohnmacht zuzugeben und sich in den

Garten Candides zurückzuziehen, den Widerspruch der Anachronismen mit einer zeitlosen Stille zu beschwören, die noch am ehesten dem gleicht, was man sich unter der Ewigkeit vorstellt, eine Distanziertheit, geboren aus dem Wissen, daß alle Dramen immer wieder geschehen, alle Irrtümer immer wieder begangen werden. Ich wollte, ich könnte es, aber ich kann es nicht.

Meine zehn wichtigsten Europa-Erfahrungen

I

Ein finsteres Spiegelbild

Ein Abend Anfang Dezember. Ich bin soeben mit dem Flugzeug aus Barcelona gekommen, zu müde für alles, habe aber eine Verabredung mit Dominique Fernandez im Maison Descartes in Amsterdam. Das französische Außenministerium hat zwölf Schriftsteller als Berichterstatter in elf europäische Hauptstädte entsandt, die dort mit verschiedenen Leuten sprechen und so ein Symposion über europäische Identität vorbereiten sollen. Ich weiß nie so recht, was ich mit solchen Abstraktionen anfangen soll, aber die Einladung klang freundlich, und ich habe sie angenommen. Fernandez' Romane kenne ich nicht, wohl aber sein Buch über den deutschen und italienischen Barock (*Le banquet des anges*) und sein schönes italienisches Reisebuch (*Le promeneur amoureux*).

Einige der anwesenden Niederländer sind mir bekannt, neu für mich ist Willem Frijhoff von der Erasmus-Universität Rotterdam, Historiker und Dekan der Sozialwissenschaftlichen Fakultät. Das Gespräch wird von Jacques Lafon eröffnet, dem Kulturattaché der französischen Botschaft. Fernandez ist ein Mann meines Alters mit der Physis eines Menschen, der jeden Tag zehn Kilometer läuft, scharf und präzise. Der Block, den er vor sich liegen hat, jagt mir leichte Angst ein, denn jetzt sieht es doch nach Arbeit aus, und mir klebt noch der Staub der Ramblas an den Schuhen.

Die Angst der Franzosen vor Amerika (Coca Cola, McDonald, Dallas und Denver) kommt wie erwartet auf den Tisch, aber alle spielen das Thema lächelnd etwas herunter. Ich erinnere mich noch gesagt zu haben, daß wir, vorausgesetzt, man gäbe Europa und den jeweiligen Kabelkönigen die Chance, sehr schnell beweisen würden, mindestens ebenso schlechte Fernsehserien produzieren zu können wie die Amerikaner, und daß die französischen Geheimwaffen MacDerrida und MacBaudrillard an den amerikanischen Universitäten sehr viel mehr Verwirrung stiften als die wackeren McDonalds hier. Oder so etwas ähnliches.

Dies alles wird protokolliert, und später bekomme ich eine Kopie des Telex, das die Botschaft an den Quay d'Orsay geschickt hat. Darin ist die Rede von unserer »traditionell atlantischen Einstellung« und der Tatsache, daß mehrere niederländische »créateurs« ihre »Weihen« in Amerika erhalten hätten, bevor sie in Frankreich bekannt wurden. Ich finde es nett, daß mir dieses Telex zugeschickt wurde, es ist, als könnte man heimlich über die Schulter eines anderen mitlesen, was dieser von dem, das man selbst gesagt hat, festgehalten hat. »Nicht ein einziger unserer Gesprächspartner zeigte sich von der Notwendigkeit überzeugt, den Imperialismus der ›sous-culture du Coca-Cola‹ zu bekämpfen, als kümmere sie die derzeitige Situation nicht oder als käme sie ihnen unabwendbar vor.« So ist es.

Auch der Rest des Berichts (»niederländische Intellektuelle scheinen sich stärker zum Kosmopolitismus hingezogen zu fühlen als zur *européanité*«) ist so sorgfältig, wie man es von einem Klein-Babel nur erwarten kann.

Wir haben die französische Initiative anscheinend mit einigem Mißtrauen aufgenommen, und, ehrlich wie wir sind, haben wir das natürlich auch gesagt.

Die Botschaft ist der Ansicht, es werde schwer sein, dieses Mißtrauen bei uns auszuräumen. Währenddessen tranken wir einen wunderbaren Wein im Maison Descartes, und keiner bat um eine Cola.

Nicht lange danach kommt die offizielle Einladung und, nachdem ich sie angenommen habe, ein Papier mit einer schwindelnden Reihe von Abstraktionen, unter denen ich mir eine für meine Rede aussuchen darf. Der einzige Programmpunkt, der mir völlig klar ist, lautet: 20 Uhr – Diner auf Einladung von Monsieur Jean-Bernard Raimond im Quay d'Orsay. Was aber soll ich um Gottes willen sagen über »Familles de pensée et courants d'idées contemporains« oder »L'état des lieux (perspectives historiques)«? In solchen Momenten merke ich, wieviel holländischer ich bin, als ich selbst glaube. Monsieur Lafon ist freilich ganz anderer Meinung. Mit sanftem Zwang schiebt er mich per Telefon zur »Géographie des affinités européennes«, Unterabteilung »Écrivains d'ici et d'ailleurs«. Schriftsteller von hier und anderswo, wenn ich das nicht bin, was bin ich dann? Ich beschließe, mich nicht um die philosophischen Abstraktionen zu kümmern, sondern eine persönliche Geschichte über mein Europa zu erzählen, eines, das ganz allein mir gehört, das ich mir in Freud und Leid angeeignet habe, nicht das Europa der Ideen, sondern das der Erfahrung.

Nun haben wir Paris und Januar und Abend und das achtzehnte Stockwerk des Hotels Concorde-Lafayette.

Abend stimmt nicht, der beginnt gerade erst. Ein alberner Sonnenuntergang verglüht im feuchten Asphalt der Porte Maillot und des Boulevard Périférique. Lange Autogirlanden verflechten und entflechten sich und verschwinden und kommen von fern, wo keine Stadt mehr ist. Violette Hügelformen, die Welt. Ich fühle mich auf ein merkwürdiges Maß reduziert, ein achtzehntes Stockwerk ist hoch, wenn man auf Autobahnkreuze und sechsspurige Fahrbahnen blickt.

Auch das Foyer des Hotels ist unendlich groß, hier und da stehen Sessel herum mit echten Menschen darin, aber sie sehen aus wie diese Püppchen auf Architekturzeichnungen oder Bauplänen, Figuren, um den Maßstab anzugeben. Als ich näher komme, sehe ich Araber in Kaschmirmänteln, Negerkönige, internationale Spione und Inselmakler. Oder sind es doch meine Kongreßkollegen, deutsche Philosophen, portugiesische Bibliothekare, irische Dichter?

Ich habe die Teilnehmerliste studiert. Sie weist einen Kardinal auf und einen Oberrabbiner, einen Chef de cabinet des Präsidenten eines deutschen Fernsehmolochs, einen Grafen mit der zweiten Hälfte des Namens unseres Prinzen Hendrik, einen Filmemacher (Wim Wenders), eine Journalistin vom *Times Literary Supplement*, den Ex-Gouverneur der Bank of Ireland und den Präsidenten der Fondation Amelio in Neapel, der demzufolge ebenfalls Amelio heißt. Ich bin also nicht allein. Am nächsten Morgen sind zwei große Busse nötig, um uns abzuholen. Viertel nach acht ist es dann, das hat man uns eingeschärft. Wer zu spät kommt, steht vor verschlossenen Türen, denn der Außenminister wird zu uns sprechen, und der hat um halb zehn schon wieder einen anderen Termin.

Es ist nicht zu ändern. Trotz des Schwergewichts all dieser erlauchten Häupter erinnert das Ganze, durch diesen Bus, an eine Klassenfahrt. Ich habe mich vor dem gemeinsamen Frühstück gedrückt und als trüber Morgenmuffel eingequetscht am kupferfarbenen *zinc* der Bar des Termes gestanden, jeder schweigend mit seiner *Libération* und seinem *café crème* im Duft der ersten bärbeißigen Gauloises, ohne das bin ich nicht in Frankreich.

Nun aber wird es ernst. Ich trage einen *badge* mit meinem komischen Namen und habe mich irgendwo hinten im Saal hingesetzt, versteckt zwischen der Presse. Die Fernsehlampen werden entfacht, als der Minister hereinkommt, sitzt er sofort im Licht eines unwirklichen Tages. Auf dem Podium hat sich auch Jean-Pierre Angremy niedergelassen, Generaldirektor für Kulturelle Beziehungen und in Frankreich unter einem anderen Namen sehr bekannt als viel publizierender Autor. Er beherrscht etwas, was man nur noch selten sieht: unter allen Umständen eine Zigarette im Mund behalten. Das habe ich früher bei französischen Lkw-Fahrern beobachtet, aber die rauchten Gauloises, so daß sie die Zigarette obendrein *nur* an der Unterlippe hängen lassen konnten, wo sie dann mitwippte, wenn sie sprachen.

So weit geht Angremy nicht, der hält sie eher vor sich wie eine Galionsfigur oder einen abgeknickten Schornstein. Ganze Teile von Europa sind an mir vorbeigezogen, Kant, Hegel und Sartre flogen träge durch den Saal, während ich fasziniert auf dieses weiße Emblem starrte, das sich mal nach oben, mal zur Seite mit einer Rhythmik bewegte, aus der ich, hätte ich den Eigentümer dieses Mundes besser gekannt, wahrscheinlich alles mögliche hätte herauslesen können, von Irritation bis hin zum Gefesseltsein. Es ist unglaublich, wie wenig einem von zwei mal zwölf Stunden Vorträgen in Erinnerung bleibt, bleibt im unmittelbar wiederholbaren Sinn, denn hinterher merke ich, daß durchaus Gesichter, Bruchstücke, Ideen in meinem Gedächtnis haftengeblieben sind, kleine rhetorische Arien wie die des Ministers, der über die Stellung Frankreichs in der europäischen Kulturgeschichte (»zuweilen angefochten, häufig anerkannt, nie gleichgültig«) spricht und einen Rosenkranz von Namen in seine Ausführungen flicht, Oxford, Salamanca, Tübingen, Coimbra, Krakau – bis hin zu gediegenen historischen Essays wie dem Le Roy Laduries sowie meines Landsmanns Frijhoff.

Der erste Salutschuß nach dem Minister gilt Alberto Moravia. Achtzig Jahre alt, roter Pullover, weiße Borsten über den Augenbrauen wie eine Waldkatze aus den Dolomiten, eine Physis jedoch in der Art irgendwelcher Tropenhölzer, gerade und stark. Er verliert sich in zwei reichlich unklaren Metaphern, in denen es sowohl um bestickte Stoffe als auch um tropische Regenfälle geht, die für Universalismus und Perioden großer Kreativität stehen, im Wechsel mit den Kehrseiten seiner Doppelmetapher, partikularistischem Nationalismus und völliger Dürre. Nach Beendigung seiner Rede ist er rasch verschwunden und wird nur noch auf den Sofas der Wandelgänge gesichtet, wo attraktive junge Frauen mit Recordern seine Worte aufsaugen.

Ein deutscher Professor, der seine Haare vom einen Ende seines kahlen Schädels zum anderen gepappt hat, schleppt uns unbeschwert mit in die Schwerefelder der Metaphysik, ich sehe, wie Hella Haasse andächtig auf *einen* metaphysischen Punkt im Raum starrt, wo etwas ganz besonders Schönes zu sehen sein muß. In den Kabinen hinter mir bewegen die Dolmetscher ihre vielsprachigen Münder, wenn ich meine Kopfhörer aufsetze, kann ich von einer Sprache zur anderen schalten, ein reines, europäisches Vergnügen.

Frijhoffs Vortrag handelt von Sprache. Er beschreibt, wie die Säuberung des lebendigen Vulgärlateins durch die Humanisten auf eine Katastrophe hinauslief, die dazu führte, daß es eine in den letzten Zügen liegende Sprache für eine Elite wurde, zu tot für Erasmus, um darin zu sterben. Die letzten Worte des Rotterdamers waren denn auch niederländische Worte, wie es sich gehört. Die *ups and downs* des Französischen in den Niederlanden kommen zur Sprache, bis hin zum Niedergang dieser Sprache im heutigen Gymnasialunterricht. Die Moral seiner Geschichte ist, daß es töricht wäre, nach *einer* einzigartigen Kultursprache mit großem K zu suchen, samt dem sprachlichen Puritanismus und Elitedenken, die damit einhergehen.

Am Ende des ersten Nachmittags bin ich selbst an der Reihe. Mein Namensschild steht schon da, doch dort hat sich der alte Edgar Faure hingesetzt, eine vornehme antike Schildkröte, so daß ich sehen kann, wie ich später aussehen werde. Bis spät in die Nacht habe ich mit Philippe Noble an der Übersetzung meiner Rede gearbeitet, so daß sie mir jetzt schöner vorkommt als auf niederländisch. Französisch sprechen ist ein Luxus, man kann seinen Worten von Zeit zu Zeit einen rhetorischen Kick geben.

Zwölf Länder, je zwei Redner. Dazu noch kurze Blöcke, innerhalb derer alle möglichen Leute fünf Minuten lang etwas sagen dürfen. Das schaffen die meisten nicht, wie zum Beispiel André Fontaine von *Le Monde*, der wieder mit dem amerikanischen Gespenst ankommt und dafür endlos lange braucht, oder der Direktor des Prado, der den Weltrekord für »Spanisch in fünfzehn Minuten« verbessern will, so daß Panik in der Dolmetscherkabine ausbricht. Vor allem gegen Ende des zweiten Tages entsteht ein Jahrmarkt der Eitelkeiten, ich spüre, wie der endlose Wortstrom gegen meine Hirnschale schwappt und durch die Eustachische Röhre wieder hinaustropft. Bis zu den Knöcheln sitze ich in einem Pfuhl aus europäischem Verbalismus und flüchte hinaus auf die Wandelgänge, wo Radiodamen und Fernsehherren sich der Opfer annehmen. »Ist es nützlich?« will das Fernsehen wissen. »Ja«, antworte ich unverzagt, »es ist nützlich und heilsam.« Ob ich das wirklich meine? Ja, das tue ich.

Was auch immer die hintergründigen Motive sein mögen, wir werden generös aufgenommen, und wenn ich den überflüssigen Ballast aus meinem Gehirn entferne, bleibt genug übrig. Eine der Reden, die mich sehr berühren, ist die des belgischen Schriftstellers Pierre Mertens, der vor kurzem den Prix Médicis für seinen Roman über Gottfried Benn erhielt. Er erklärt, daß er als »Belgier, halber Flame, französischsprachig und obendrein Jude« an *transferts et procurations* gewöhnt sei, womit er mehr oder weniger zynisch meint, nehme ich an, daß er sich für ein föderalistisches Europa eignen würde, wenngleich er hinsichtlich dieses Europas doch seine Zweifel hat. Über Hermann Broch, Musil, Kafka, Rilke, Witkiewicz beschwört er das Bild vom »gekidnappten« Mittel-Europa Kunderas herauf, das kein Recht mehr habe auf seine eigene Geschichte, sich dadurch kulturell selbst überlebe, in einer Ungeschichtlichkeit versinke, die nichts weiter liefere als einen »Geschmack für die diversen Pathologien des täglichen Lebens«.

Dem stellt er ein anderes, westliches Europa gegenüber, das sein Schicksal im Osten prophezeit sehen kann: Auch mit uns wird es schlecht enden. »Nun, da Mitteleuropa verloren ist, kann man dieses Verschwinden als Prophezeiung betrachten, als Generalprobe für das Verschwinden *ganz* Europas. (...) Wer heutzutage von Europa spricht, spricht von dem, dessen dieses Europa beraubt ist.« Er spricht von dem schrecklichen Gefühl der Amputation, dem Schmerz, den man am abgehackten Körperteil verspürt, der Trauer.

»Die Literatur, die mich genährt hat – von Kraus bis zu Kafka, von Rilke bis zu Vaculík, lastet auf mir mit dem schrecklichen Gewicht der Legende, aus der die Geschichte eine bleierne Last gemacht hat.« Mertens zufolge kann auch die Nichtvollendung von Musils *Der Mann ohne Eigenschaften* der »Ära« angelastet werden: »Das Nichtvollenden eines Œuvres kann mit dem Ende einer Ära einhergehen. Das wäre eine ganz besondere Form von Zensur. Es ist die Zeit selbst, die das Œuvre Musils oder einige Bücher Kafkas nicht beendet hat; sie sind beendet lediglich im Sinne des ›Todesstoßes‹ (la mise à mort), das, was man beim Stierkampf ›den Moment der Wahrheit‹ nennt.« Schließlich stellt er die Frage, ob *Glasnost* – Offenheit – auch bedeuten werde, daß Kundera, Konrád, Konwicki in Moskau erscheinen können. »Solange es keine Antwort auf diese Frage gibt, wird die Ära der Offenheit (la transparence) eine Ära der Undurchsichtigkeit bleiben.«

György Konrád ist ebenfalls da, bedächtig, ernst, zurückgezogen. Er plädiert für eine Charta der Individuen, nicht der Staaten, der Intellektuellen, nicht der Politiker, *une charte de liberté des intellectuels*, die »luzid und kohärent« sein könnte, da sie mit Realpolitik und Status quo nichts zu tun hat. Er sieht eine Krise der »autoritären Sozialismen« in Mitteleuropa: Wie läßt sich der für die festgefahrene Wirtschaft unerläßliche Pluralismus mit dem exklusiven Machtanspruch des Parteistaats versöhnen? Die zunehmenden Spannungen, die mit diesem unlösbaren Dilemma einhergehen, würden nicht ohne Einfluß auf Westeuropa bleiben, falls dieses bei seiner alten Haltung – bedauern, aber nichts tun – bliebe. »Solange die Emanzipation Mitteleuropas nicht zustande kommt, wird die Sicherheit der Westeuropäer fragwürdig bleiben.«

Wenn uns dann auch noch *grand rabbin* René-Samuel Sirat daran erinnert, daß das »historische Europa« mit dem Holocaust verschwunden sei, und der ehemalige Erzbischof von Wien, Kardinal König, uns ins Gedächtnis rufen will, daß das historische (und zukünftige) Europa ohne Christentum undenkbar sei, wird klar: Die Franzosen bekommen womöglich mehr auf den Tisch, als sie gehofft hatten. Jedes strahlende Bild eines neuen Europas ist unweigerlich überschattet von einem finsteren Spiegelbild, das des alten, zerstörten und des gegenwärtigen, geteilten Europa.

Abends ist es nicht gleich zu sehen. Wir sind im strömenden Regen zum Quay d'Orsay befördert worden und werden von befrackten Herren mit riesigen Regenschirmen hineingeleitet. Ich begrüße das Porträt Richelieus in der Eingangshalle wie einen alten Verwandten. Schließlich kenne ich dieses bleiche, etwas hochmütige Gesicht mit dem gestärkten Schnurrbart schon seit Jahren – nicht schlecht, ab und zu einen festen Punkt im Wirbel der Geschichte zu haben. Wir sitzen an runden Tischen auf goldenen Stühlen, und für kurze Zeit sind die Abwesenden vergessen.

Zwischen Moravia und dem Kardinal sitzt Annie Cohen-Solal, und wie gewöhnlich wundere ich mich über die Möglichkeiten der menschlichen Ausdrucksskala: das Satyrgesicht des alten Schriftstellers neben dem betauten Pergament seines Fast-Nachbarn, das mich so unwiderstehlich an mein früheres Internat erinnert. Der Kardinal trägt ein Hemd mit ziemlich langen weißen Kragenecken, die sich über eine Art hochgeschlossenen Pullover aus dünnem schwarzem Stoff schmiegen. Sein Brustkreuz hat er in der linken Innentasche versteckt, so daß man nur noch die querliegende Goldkette sieht. Das muß die neue klerikale Mode sein, der Nicaraguaner Ovando y Bravo trägt sie auch. Ein Mosaik aus Seewolf, eine Rosette aus Lamm und ein gleichfalls rosenförmiges Dessert; ein Château Carbonnieux 1982, ein Château Léoville Poyferre 1979 und ein Champagne Piper Florens Louis 1975, für kurze Zeit lassen wir uns auf diesem letzten Seufzer der Belle Époque wiegen, aber nicht nur in meinem Kopf, merke ich, nagen die Worte weiter. Es ist nur das halbe Europa, das hier bei Tische sitzt, die andere Hälfte steht vor der Tür und wartet. Aber das hatte ich bereits geschrieben, bevor ich Amsterdam verließ, um es in Paris auszusprechen.

II

Das europäische Gespräch

James Joyce in Triest, Marcel Proust in Venedig, Rilke in Muzot, Kundera in Paris, Couperus in Florenz, Orwell in Katalonien, Diderot in Amsterdam, Seferis in London, Stendhal in Rom, Strindberg in Berlin: Das Gespräch, das wir hier heute führen, ist ein uraltes europäisches Gespräch, bei dem die eigene Identität und die des eigenen Landes an der Identität eines anderen Europas geschärft wird, gemessen und geschärft. Jedes öffentliche Gespräch im zwanzigsten Jahrhundert wird etwas sein, das sich speist aus Tausenden solcher Gespräche von Schriftstellern mit sich selbst, Schriftstellern mit anderen, jetzt und in der Vergangenheit.

Als ich Ende vergangenen Jahres zu einem Sondierungsgespräch mit Dominique Fernandez ins Maison Descartes eingeladen wurde – das nicht zufällig in Amsterdam steht –, las ich gerade die Tagebücher Thomas Manns aus dem Jahr 1933. Zu diesem Zeitpunkt, meinem Geburtsjahr, befindet Mann sich in der Schweiz. Er hat sich selbst verbannt, kann nicht in sein Haus und zu seiner Bibliothek zurück und schreibt klar und analysierend über die tragische Situation seines Vaterlands und das bittere Dilemma, in dem sich die Zurückgebliebenen befinden. Er schreibt auch über die erschreckenden Parallelen zwischen den beiden totalitären Systemen, die es zu diesem Zeitpunkt in Europa gibt und von denen das eine noch immer existiert. Es sind Sätze, die man heute, fünfzig Jahre später, wegen des nun herrschenden Klimas des guten Willens auf derlei Veranstaltungen eigentlich nicht wiederholen möchte. Was aber hat sich verändert?

In Deutschland sehr viel, gottlob; aber in Europa, sofern wir zumindest diese Halbinsel als Ganzes betrachten wollen? Nehmen wir zum Beispiel Prag, nur wenige hundert Kilometer vom München Thomas Manns entfernt, die Stadt Kunderas, die Stadt, in der Václav Havel im inneren Exil lebt, die Stadt, die Ludvík Vaculík, vor drei Monaten zu einer Konferenz wie dieser nach Amsterdam eingeladen, nicht verlassen konnte. Die Polizei hatte seinen Paß eingezogen, aber »sogar«, schrieb er, »wenn diese Konferenz in Prag stattfände, könnte ich nicht kommen«. Und er fügte hinzu: »Da haben Sie also gleich Diskussionsstoff für Ihre Konferenz.«

Diese Worte wurden in Amsterdam verlesen, und ich lese sie hier vor, weil ich meine, sie sind auch an uns gerichtet. Es liegt mir fern, in irgendeiner Weise das widerliche Klima des Kalten Krieges konsolidieren zu wollen, das meine Jugend beherrscht hat. Aber habe ich eine andere Wahl? Dürfen wir den Mund halten und so tun, als stünde nichts unseren Europaideen im Weg, als würde nicht ein Teil der europäischen Intelligenz eben diesem Europa vorenthalten? Vielleicht ist die Zeit reif, die allzu lang eingenommene resigniert-abwartende Haltung aufzugeben und uns intensiv mit den Initiativen zu befassen, die Günter Grass seit einiger Zeit mit Nachdruck lanciert und die sicherlich auch hier diskutiert werden.

Europa. Um mir Klarheit über mich selbst und das zu verschaffen, was mich mit Europa verbindet, denn das ist doch das Mindeste, habe ich einmal meine zehn wichtigsten Europaerfahrungen zusammengestellt. Diese Liste führt, wie sich das im Leben gehört, vom Historischen zum Persönlichen, vom Dramatischen zum Heiteren, Sentimentalen und Anekdotischen.

1. 10. Mai 1940. Ich bin sechs Jahre alt. Deutschland ist in den Niederlanden einmarschiert. Wir wohnen neben einem Militärflugplatz, und mein Vater, der später bei einem Bombenangriff ums Leben kam, nimmt die Rolle des Beobachters ein. Später erleben wir, wie die deutschen Truppen einmarschieren. Fahnen und endlose Reihen grauer Männer. Fahnen und Musik. So sah das also aus, Geschichte.

2. Ich bin 13, 14 Jahre alt. Als Internatsschüler werde ich von Mönchen erzogen, erst von Franziskanern, dann von Augustinern. Europäischer geht's nicht. Diese Orden sind fast tausend Jahre alt, stammen aus dem Mittelalter; sie lehren mich die Sprachen, in denen unsere Geschichte wurzelt: Latein und Griechisch. Außerdem lernen wir, wie damals in den Niederlanden üblich, Französisch, Deutsch, Englisch. Weil das Gehirn der heutigen Menschen kleiner ist als vor dreißig Jahren, brauchen Schüler derzeit nur noch eine oder zwei Fremdsprachen zu lernen, die Ärmsten.

3. Ich bin auch von meiner letzten Schule geflogen und fahre zum erstenmal nach Frankreich. Paris ist der erste ekstatische Augenblick in meinem Leben, doch ich lerne schnell, daß Ekstase erkämpft werden will. Jemand hat mir geraten, ein Zehnfahrtenheft für die Metro zu kaufen, das sei billiger. Als ich in die Katakomben hinabsteige – in einem Land, das sechs Meter unter dem Meeresspiegel liegt, gab es die nicht – und verwirrt um mich schaue, kommt ein Charon, der alle zehn auf einmal knipst. Ein Schlag angesichts meiner Armut. Das Französisch der Augustinerpater ist dem nicht gewachsen. Zieh Leine, du Arsch, verstand ich zwar nicht, begriff ich aber. Ich begreife, daß man, um in dieser Stadt sein zu dürfen, fließend französisch sprechen muß. Ich lerne es von Lkw-Fahrern zwischen Lille und St. Etienne, Pau und Nancy. Anders geht es meines Wissens nicht. Diesen Zwischenfall hätte ich vergessen sollen, doch wie Sie sehen, ist es mir nicht gelungen.

4. *Ich trampe*, die exemplarischste Lektion in Sachen Europa, die ich mir je erteilt habe, durch ganz Europa bis nach Schweden und Norwegen, aber erst in der Provence, in Arles, begreife ich, wo meine Bestimmung liegt: im Süden, im Mediterranen. Das hat sich nie mehr geändert. Entflammt durch die Liebe zu einer Französin und dem Buch, das sie mir schenkt, *Le Mas Théotime* von Henri Bosco, schreibe ich, neunzehn Jahre alt, einen Roman, der zum Teil in der Provence spielt, die Geschichte einer Suche, die durch ganz Europa führt, nach einem Gral, der gesucht wird, gefunden und – natürlich – verloren.

5. *Ich komme nach Rom*, wo die mit so viel Mühe bezwungenen Seiten Tacitus und Ovid zum Leben erwachen. Mich bringt die ewige und bisweilen suspekte Sehnsucht des Nordens nach dem Süden aus der Fassung, die in ihrer barbarischen Form, wie wir sie heute erleben – die Spanier sprechen bereits von den neuen Attilas, den Barbaren des Nordens –, nur vom Wunsch nach billiger Sonne ausgelöst wurde und sich in ihrer erhabeneren Form nach allem sehnt, dessen Gott die Sonne ist: dem Apollinischen. Ein Mönch aus dem Kloster, in dem ich Schüler war, ist *sacrista* von Pius XII. geworden. Ich habe kein Geld mehr und ersuche um eine Audienz. Jetzt

werde ich auch historisch ein Europäer, denn ich schreite hinter einem Schweizer mit Hellebarde und von Michelangelo entworfener Uniform durch die Korridore des Vatikans an den Büsten Cäsars, Senecas, Ciceros und aller meiner Väter vorbei, höre im plüschenen Vorzimmer die Stimme des Höflings »Ma si Eminenza« sagen, »Si, si«, knie nieder und küsse den Ring, als etwas Violettes hereinsegelt, und bekomme ganze tausend Lira von ihm. Auch der Vatikan gehört zu Europa.

6. 1954. Spanien. Das erste Mal. Später wird dieses Land die bleibende Liebe meines Lebens werden, doch zu diesem Zeitpunkt kommt mir alles, Sprache, Leute, Landschaft, wie die geheimnisvolle, düstere Kehrseite Italiens vor. Hier Philipp II., dort Casanova, hier Zurbarán, dort Tiepolo, hier die asketische Hochebene der Meseta, dort das liebliche Umbrien. Schließlich haben wir ein europäisches Pantheon, um unsere Absichten deutlich zu machen. Ich sehe, wie ein Jesuit eine Messe für die Blaue Division zelebriert, die an der Ostfront gekämpft hat, Stahlhelme, eiserne Kreuze, schwarze Hemden, und verstehe nichts mehr. Je besser ich in den folgenden Jahren die Sprache erlerne, um so besser begreife ich die Nuancen der Diktatur, der Zensur und des Exils. Ich habe daraus auch gelernt, daß manche Dinge nicht hoffnungslos zu sein brauchen und daß manche Völker ihr Schicksal in den Griff bekommen.

7. Budapest 1956. Gleich nach den ersten Berichten bin ich hingefahren. Pulvergeruch, dieses merkwürdig Versengte. Leichen von Geheimpolizisten mit Geld im Mund, Leute, die darauf spuckten. Die immer wieder gestellte Frage: »Wann helft ihr uns endlich?« Das alles ist nicht zu vergessen, Scham, die bleibt. Als ich wieder daheim bin, will der niederländische PEN die kommunistischen Schriftsteller in den Niederlanden ausschließen. Ich bin dagegen und verlasse den PEN. Doch Budapest hat mein politisches Denken geprägt. Ich schreibe meinen ersten journalistischen Artikel, der mit den Worten endet: »Russen, geht nach Hause.« Das haben sie nicht getan.

8. 1957. Ich reise als Matrose in die Karibik und nach Südamerika, wo ich erfahren werde, was jene Expansion des Europäischen, Kolonialismus geheißen, bedeutet. Unser letzter Stop ist Lissabon, Abschied von Europa, die Stadt Pessoas, aber auch des niederländischen Dichters und Schiffsarztes Slauerhoff, den Sie nicht kennen, weil Sie unsere Sprache nicht lesen können. Um so schlimmer für Sie. Lissabon, Amsterdam, Venedig, liebenswerte Hauptstädte untergegangener Imperien, Lehrstücke für London und Paris. Hegemonie ist nichts, was ewig dauert.

9. Prag 1968. Paris 1968. Ich bin in Paris und schreibe ein Buch darüber in Form eines Berichts. Aufstand in zwei Zimmern des von Michail Gorbatschow so bezeichneten »gemeinsamen europäischen Hauses«. An zwei Seiten dieses Hauses wird etwas erstickt, begraben, zerstört. Václav Havel spricht, was seinen Teil des Hauses anbelangt, vom Druck einer Gesellschaft, die nicht in der Geschichte leben darf. Wie aber ist es hier? Das Erbe von '68 trat einerseits eine bequeme, ahistorische, nicht engagierte Generation an, die die Vergangenheit gegen eine fließende Gegenwart ohne belastende Konsistenz eingetauscht zu haben scheint, andererseits die in Groll erstarrten Terrorismussekten in Frankreich, Italien, Deutschland, die sich mit Gewalt Zugang zur Geschichte verschaffen wollten, um sie zu beschleunigen.

Nummer 10 erspare ich Ihnen. Es war ein Sammelsurium aus Wahlkämpfen von Guy Mollet, Harold Wilson, Felipe Gonzalez, eine Pilgerfahrt nach Santiago de Compostela, ein Besuch Chruschtschows in Ostberlin, eine Pressekonferenz Charles de Gaulles im Elysée-Palast, merkwürdiges Material für einen Dichter und auf jeden Fall zuviel.

Dies also ist mein Europa, von der Peripherie betrachtet. Im Sommer lebe ich auf einer Insel im Mittelmeer, umgeben vom Erbe der katalanischen Sprache. Im Winter in den Niederlanden, jenem exotischen Gebiet, 50 Flugminuten von Paris entfernt und doch so unbekannt wie der Amazonas. Zwanzig Millionen Menschen sprechen unsere Sprache und oft auch die anderer. Man kennt uns ziemlich schlecht und hat uns in Klischees gezwängt, die Europas unwürdig sind. Zum Teil ist das unsere eigene Schuld, weil wir uns ziemlich schweigsam hinter unseren Wasserverteidigungslinien verschanzt haben, ein merkwürdiger Stamm, der nach Meinung mancher stets mit einer Tulpe in der Hand schlafen geht und nach Meinung anderer gebratene Drogen zum Frühstück verzehrt. Ein Land mit einer unbekannten Literatur, die dank einiger mutiger Ausländer allmählich übersetzt wird. Klein, aber, wie es heißt, in absoluten Zahlen betrachtet der größte Investor in den Vereinigten Staaten. Fast zweisprachig, 17 Prozent der englischen Bücherproduktion wird in den Niederlanden verkauft. Angegriffen und geschmäht einiger freizügiger Grundsätze wegen, die wir nur schwer aufgeben, aber auch ein merkwürdiges Versuchsfeld, das größere Nationen sich, bitteschön, gern einmal anschauen dürfen. Und wenn ich schon Rezepte für unser Europa habe, so das, daß alle Länder, die je dazugehört haben, noch immer dazugehören, daß die großen Länder von den kleinen und ihrer Geschichte lernen, daß die Wuchertarife abgeschafft werden, die das Reisen in Europa behindern, und schließlich, daß der Süden den Norden im Drang nach einer seelenlosen Modernität nicht imitieren sollte und daß der Norden sich den Süden mit seinem Tempo und seinen Traditionen lange und aufmerksam anschaut, und mit dem Süden meine ich den richtigen Süden, dort, wo alles seinen Ursprung hat.

Der Sturz der Propheten

Was war eigentlich das Besondere am ausgehenden 19. Jahrhundert, daß man einen eigenen Namen dafür erfand? *Fin de siècle*, Stil des Abschieds vom vergangenen Jahrhundert. Für das Ende dieses Jahrhunderts werden wir uns etwas anderes einfallen lassen müssen, *fin de millénaire*, warum nicht? Schließlich geht in wenigen Jahren einiges zu Ende, wenn nicht in Wirklichkeit, so doch in Zahlen. Volle Tausend rollen sacht der Vollendung entgegen, und das scheint viele Menschen sehr nervös zu machen, genauso wie vor tausend Jahren. Damals wurde die Welt von Hungersnöten, Naturkatastrophen, politischen Wirren und den Ängsten heimgesucht, die sich mit alldem verbinden. Man glaubte, die Welt werde untergehen. Es war das erste Mal nach Christus, daß drei Nullen am Horizont erschienen, und das mußte das Ende der Zeiten bedeuten. Europa schwelgte in Schicksalsphantasien, apokalyptischen Visionen, endzeitlichen Alpträumen. Man sah einen Zeitenbruch, der jetzt nicht mehr wahrnehmbar ist, und es sollte exakt tausend Jahre dauern, bis die gleichen Angstgefühle in anderer, vorläufig noch gemäßigter Form wiederkehrten.

Diesmal wurde nicht das Ende der Zeit verkündet, dafür sind wir inzwischen zu gewitzt: Wir wissen, daß die Zeit weiterläuft, auch wenn wir nicht mehr da sind, um sie zu messen. Das Universum hat bereits früher bewiesen, daß es auch ohne uns auskommen kann. Diese Rechnung geht also nicht mehr auf, und daher wird jetzt von den tönernen Türmen der Medien das Ende der Geschichte und des zu ihr gehörenden Menschen verkündet. Aberglaube ist unausrottbar, selbst wenn er auf einem Computer schreibt und sich auf Hegel beruft. In Kiew, Teheran, Bogotá, Phnom Penh und Rio de Janeiro allerdings käme man nicht so schnell auf diese Idee.

Nun muß ich zugeben, Nullen *sind* schön. Die Maya kannten die Null bereits tausend Jahre vor den Europäern (fast alle, Inder, Ägypter, Babylonier, hatten schon irgend etwas tausend Jahre vor den Europäern; weshalb jemand uns irgendwann als Erste Welt bezeichnet hat, ist mir ein Rätsel); sie benutzten das runde Haus einer Schnecke, um diese nicht existierende und doch existierende Zahl darzustellen, denn Nullen müssen rund sein und damit vollkommen, leer und gleichzeitig voll, sie widersprechen sich selbst so lautstark, daß sie der Eins – und mittlerweile der Zwei –, die vor ihnen steht, einen eigenartigen Mehrwert verleihen, wiewohl der sich im Vergleich zu tausend Jahren vorher beträchtlich verringert hat. Aber damals gab es keine Kongresse, auf denen man Fragen nach der Angst und der neuen Endzeit stellen konnte. Die Menschen des Mittelalters glaubten nicht allein, daß die Erde nur wenige Jahrtausende alt sei – auch Kant dachte siebenhundert Jahre später erst in einer Größenordnung von einer Million –, sondern waren, durch diese Zahl Tausend erregt, davon überzeugt, das Ende sei nahe. Wann genau es eintreten werde, hing davon ab, ob man Christi Empfängnis, Geburt oder Tod zugrunde legte.

Die Priester und Schriftgelehrten von damals sind die Schriftsteller und Intellektuellen von heute, die – wenngleich meist unfreiwilligen – Diener einer fließenden, flüchtigen Kirche ohne Papst und ohne Gebäude, sie treten nicht mehr in Kathedralen und Kapitelsälen zusammen, sondern halten ihre ununterbrochenen Konzile in Kongreßhallen ab, wo eine – vielleicht – gläubige und begierige Menge vieldeutigen, meist gegensätzlichen und widersprüchlichen, apodiktischen oder ausweichenden Antworten auf die unbeantwortbaren Fragen zur Zukunft des Endes oder zum Ende der Zukunft ausgesetzt wird.

Wenn Fragen Ihrer Ansicht nach unbeantwortbar sind, was tun Sie dann hier?

Ich bin hier, weil ich die Fragen als solche zwar respektiere, aber doch erläutern will, weshalb zumindest ich keine Antwort auf sie habe; und zwar meine ich, daß die diesen Fragen zugrundeliegende Überlegung, wenn schon nicht falsch, so doch an die falsche Adresse gerichtet ist. Diese Überlegung lautet, wenn ich es recht verstehe, daß man der Phantasie, der Inspiration in jeglicher Kunstgattung, Aufträge erteilen könne, daß sie das leisten müsse, wofür die Veranstalter dieses Treffens sie besonders geeignet halten, etwa, um nur ein Beispiel zu nennen, »eine integrierende Kraft in einer multikulturellen Gesellschaft zu sein«. Entweder ist sie dies oder sie ist es nicht, aber sie kann es niemals sein, weil jemand es will. Ich nehme an, daß eine der 738 Charakterisierungen, mit denen die Werke Mozarts bedacht wurden, lautet, sie könnten eine integrierende Kraft in einer multikulturellen Gesellschaft sein, doch Mozart selbst hatte damit, sieht man einmal von dem von seinem Librettisten erdachten Serail ab, wenig Erfahrung. Wenn Sie mich jetzt für leichtfertig halten, so kommt das daher, weil ich keine Probleme mit der Endzeit habe. Ich lebe bereits mein ganzes Leben in ihr.

In einem meiner Bücher kommt eine Passage vor über diese apokalyptischen Nullen: »Tausend, tausend, das Wort raunte und glomm in der kleinen Menge, und Lucia hatte Annas Arm gespürt und gefragt, ob es wahr sei, daß jetzt die Zeit aufhören werde, und Anna hatte gelacht und sich mitgewiegt und geantwortet, Tausend sei nur ein Maß, das die Menschen sich ausgedacht hätten, und wenn diese Zahl näherkomme, verspürten manche Menschen einen Sog, einen Drang, der sie allem Zählen entziehen konnte, weil Zählen an den Tod erinnerte, und die Leute, aus Angst zu sterben, sich geradezu nach dem Tod sehnten und am liebsten in einer Gruppe sterben würden.«

Dieses Zitat stammt aus einem Buch, das *In den niederländischen Bergen* heißt. Wie Sie wissen, gibt es in den Niederlanden keine Berge. Schriftsteller sind Menschen, die, zumindest meiner Ansicht nach, über Länder schreiben, die in Wirklichkeit nicht existieren, oder Länder, die wohl existieren, mit Bergen ausstatten, die es in Wirklichkeit nicht gibt – kurz, Menschen, die die sogenannte Wirklichkeit nicht nach falsch verstandenem aristotelischem Rezept glänzend imitieren, sondern im Gegenteil die unendlichen Möglichkeiten der Kunst nutzen, um ihr Gewalt anzutun, sie zu untergraben, sie umzudrehen, herabzuziehen oder zu überhöhen, weil es sonst in dieser Welt nicht auszuhalten wäre. Damit tun sie das einzige, was sie wirklich können: fabulieren, lügen und zaubern. Den Rest besorgen das Fernsehen, die Politiker und die Soziologen. Sie sind die adäquaten oder inadäquaten Administratoren der echten Wirklichkeit, und wenn sie lügen, ist es auf jeden Fall keine Kunst.

In meinem ernsten Vaterland, in dem man, bevor man

sich selbst zum Gewissen der Welt ernannt hatte, Sklavenhandel und Psalmensingen aufs vortrefflichste miteinander zu verbinden verstand, ist noch so viel Calvinismus auf dem Grunde der Seelen zurückgeblieben, daß man am liebsten sieht, wenn Schriftsteller sich mit dem Weltgetümmel befassen, und damit ist dann leider nicht das höhere Summen der Transzendenz gemeint, sondern jene Form des psychologischen Realismus, bei der man der Gesellschaft den Spiegel vorhält. Ich langweile mich bei solchen Büchern zu Tode, was von einer empörenden Leichtfertigkeit zeugt, und habe dabei auch noch eine Allergie gegen den Fluch der Letzten Tage entwickelt. Ich bin mit einer Bombe aufgewachsen, die vierundzwanzig Stunden pro Tag um die einzige Welt flog, die es gibt, und die jederzeit noch einmal hätte fallen können. Ich habe den Zweiten Weltkrieg und die totale Auflösung danach miterlebt, ich bin ein Zeitgenosse der Entkolonialisierung und der zerfleischenden Kriege, die damit einhergingen, und all diese Jahre habe ich, wie jeder meiner Generation im Westen, in einer zweigeteilten, schizophrenen Welt gelebt, mit der eingeflüsterten Angst vor einem mächtigen Feind, der sich im vergangenen Jahr dann urplötzlich in voller Rüstung auf den Rücken gelegt hat. Und jetzt, bevor ich mich auch nur kurzzeitig auf eine Welt freuen kann, die mir nicht noch am selben Tag unter den Füßen davongleiten kann, will man, daß ich schon gleich wieder Angst vor wieder anderen inneren und äußeren Feinden habe, vor neuen Prophezeiungen von Tod und Unheil und neuen Ritualen von Schuld und Sühne.

Ich denke nicht daran. Das heißt nicht, daß ich mich der Welt entziehen will, sondern daß ich sie betrachten will *sub specie aeternitatis*, unter dem Schein der Ewigkeit – Chaos, Ozonloch, Saddam Hussein, Asylanten und Fundamentalisten inbegriffen. Rüdiger Safranski hat einen Aufsatz geschrieben: »Warum die Vergangenheit meinen Bedarf an Zukunft deckt.« Darin sagt er, »das Über-Ich, so wie es Freud sich ausgedacht hat, ist harmlos im Vergleich zu jenem Über-Ich, das die öffentliche Zukunft uns einpflanzt. (...) So etwas hält kein Mensch aus.« Und ich? Ich weiß von Dr. Schopenhauer, daß der Mensch ein unerträglicher Rückfalltäter ist, und habe Dr. Hegel nie abnehmen wollen, daß der Weltgeist je diesen erhabenen Zustand blendender Selbsterkenntnis erlangen könne, bei dem alle Ängste schmelzen und alle Gegensätze sich auflösen. Für Hegel waren die Tage des Friedens Leerseiten im Buch der Geschichte; also erhoffe ich mir für das letzte Viertel meines Lebens viele solcher leerer Seiten, denn für mich gibt es nur eine Macht, dank deren es sich zwischen unseren beiden unendlichen Abwesenheiten hier auf Erden aushalten läßt, und das ist die Macht der Phantasie. Und da ich aus Erfahrung weiß, daß diese durch nichts so angeregt wird wie durch leere Seiten, sollten wir folglich auf möglichst viele von ihnen hoffen, bis die Asynchronität der Welt wieder zuschlägt und die historische Zeit – um in der Terminologie Fukuyamas zu bleiben, der ebenfalls von seinen Echos nicht richtig verstanden wurde – sich wieder in die Annalen der posthistorischen Welt schleicht, und die letzte Menschheit sich in Bunkern mit den Produkten der Phantasie tröstet und darauf wartet, daß es zum soundsovielten Mal vorbei ist. Ich kann es auch anders ausdrücken: Wenn ich wirklich etwas über das Leben auf der Erde wissen will, so halte ich mich an Borges oder Celan,

Mahler oder Schönberg, Rembrandt oder Saura. Und diese Namen lassen sich durch hundert andere ersetzen. Was ich auf keinen Fall tue, ist, mich in das Protokoll des Tageswahns zu vertiefen. Denn mag die Geschichte auch ab und zu stocken – Poesie beginnt stets wieder von vorn.

Doch nun zu den Fragen. Sie erreichten mich in Form eines Briefes, doch mir kam es so vor, als verwandele sich dieser Brief, dieses harmlose Blatt Papier, langsam in eine Marmorwand, in die diese mahnenden Fragen gemeißelt waren. Je länger ich darüber nachdachte, um so höher wurde die Wand und ich schließlich so klein, daß ich die Fragen kaum noch entziffern konnte. Wenn ich überhaupt eine Antwort zu wissen glaubte, so klang diese wie Flüstern, merkwürdiges Gepiepse eines Mannes, der weder Soziologe ist noch Prophet. Aus diesen Fragen stieg ein mächtiges Summen auf, eine Stentorstimme hätte ich haben müssen, um sie *ex cathedra, urbi et orbi* beantworten zu können, und eine solche Stimme besitze ich nicht. Denn was könnte einer wie ich schon auf die Frage antworten, ob politische Veränderungen und ökologische Katastrophen für die Literatur »von irgendwelcher Bedeutung« sind? Irgendwelcher Bedeutung? Meine geflüsterte Antwort darauf würde lauten: Sehr geehrte Damen und Herren, *alles* ist von Bedeutung für die Literatur. Das Haus der Literatur hat unendlich viele Wohnungen, und darin leben höchst unterschiedliche Schriftsteller; den einen lassen politische Veränderungen kalt, er schreibt über einen toten Hund am Straßenrand, den anderen lassen tote Hunde kalt, und er schreibt über den Gulag oder über eine Madeleine, die er vor dreißig Jahren gegessen hat. Glauben Sie eigentlich selbst an die Literatur? Dann hätten Sie die Frage vielleicht andersherum gestellt, etwa so: »Inwieweit hängt die Wirklichkeit von der Literatur ab?« Das geht reichlich weit, meinen Sie, und dennoch: Ohne Homer kein Trojanischer Krieg, ohne Balzac keine französische Bourgeoisie des 19. Jahrhunderts, ohne Joyce kein Dublin, ohne Shakespeare kein Richard II., ohne Musil keine k.u.k.-Monarchie, und umgekehrt: ohne Don Quijote kein Cervantes und ohne Hamlet kein Shakespeare. Schriftsteller arbeiten nicht mit Statistiken, sondern mit Paradoxa. In diesem Moment schreibt jemand in Usbekistan oder in Simbabwe ein Buch, in dem mehr über das Leben auf der Erde zu erfahren ist als aus einem Jahr Fernsehen und einer Tonne Zeitungen.

Die zweite Frage ist zum Teil in einer merkantil-militärischen Ausdrucksweise abgefaßt, mit der ich nicht vertraut bin. Wird Osteuropa, was die Literatur anbelangt, vom Westen übernommen werden, lautete der erste Teil der Frage. Von welchem Westen? Und von wem? Mit welchen Mitteln? Geht es um Schriftsteller oder Verleger, um Talent oder um Ökonomie? Henry James hat Dostojewski nicht übernommen und Turgenjew nicht Flaubert. Wer weiß, vielleicht haben Conrad, Nabokov, Gombrowicz und Kundera sich selbst übernommen, doch vielleicht zielt die Frage nicht darauf ab, und auf jeden Fall ist es ihr gutes Recht. Diese Schriftsteller werden überall auf der Welt gelesen, und die Tendenz ist steigend. Das ist ausgezeichnet, finde ich. In den letzten Jahren werden in Europa mehr nichteuropäische Schriftsteller übersetzt, natürlich noch längst nicht genug, aber der Anfang ist da. Die Kontinente beginnen sich äußerst langsam ineinander einzunisten. Der restliche Teil der

Frage will unterstellen – *presuppose*, stand da –, es gebe einen Wesensunterschied zwischen Ost- und Westliteratur, und will dann wissen, ob daraus etwas Gemeinschaftliches entstehen könne. Ist das denn notwendig? Und für wen? Es gibt, zumindest meinem Empfinden nach, nur eine Gemeinschaft, die zwischen Leser und Schriftsteller, und die ist völlig autonom. Daher spaziert ein Leser des 20. Jahrhunderts in Caracas mühelos über den Newskiprospekt im St. Petersburg vor hundertfünfzig Jahren, reitet jemand von der Elfenbeinküste unsichtbar hinter einem närrischen Ritter in der Mancha her und sitzt ein Leser in Nowossibirsk in einem Schaukelstuhl auf der Veranda eines verfallenen Plantagenhauses in Mississippi zu Beginn dieses Jahrhunderts, das Faulkner für ihn in Yoknapatawpha County umfabuliert hat.

Gut, wahrscheinlich ist es so, daß einer diese Fragen stellen muß, aber ich weiß keine Antwort darauf. Kultur ist für mich nicht etwas, das, wie der Text behauptet, »siegt«, und die Kriterien, die heutzutage zu bestimmen hätten, was ein Meister war oder ist, sind für mich noch immer die gleichen wie eh und je: ob nämlich das jetzt Geschriebene sich mit dem Besten messen kann, das je geschrieben wurde, und das ist eine Frage, die Zeitgenossen in der Regel nicht beantworten oder beurteilen können. Und was die vierte Frage betrifft – sozialpolitische und moralische Dimensionen haben, vor allem wenn sie bewußt einbezogen wurden, oft die schrecklichsten Bücher hervorgebracht und damit ihre eigene moralische Grundlage zerstört, während Ästhetizismus eine Moral für sich sein kann. Soll das heißen, es gebe kein Urteil oder man könne von der Literatur nichts verlangen, fordern oder wollen? Natürlich nicht, nur zu, solange man sich darüber im klaren ist, daß Literatur nicht für Antworten zuständig ist, sondern für Fragen, die Fragen, die sie sich selbst stellt, nicht die der anderen. Immer wird sie unterschätzt, die Fähigkeit der Literatur, stets woanders zu sein als dort, wo der ernsthafte Fragensteller sie vermutet beziehungsweise wo sie seiner Meinung nach sein soll. Wer in Proust nur den Ästheten sah, war, wie sich später zeigte, blind für die sozialen, psychologischen und historischen Elemente in seinem Werk, wer nach Moral in der Literatur suchte, konnte sich nach Belieben von Sade oder Bataille abwenden und hatte sich dann vielleicht doch wieder geirrt, wer nach einer Literatur rief, die politische Botschaften zu überbringen habe, kann jetzt über unendlich viele zu Recht vergessene Schriftsteller weinen, die eine Antwort auf alle Fragen wußten und das Beste für die Welt wollten und eigentlich nur einen Mangel hatten, nämlich Mangel an Talent.

Ich nehme an, Sie wollen glauben, daß ökologische Katastrophen mich interessieren. Aus diesem Grund bin ich als Person, nicht so sehr als Romanschreiber, Mitglied bestimmter Vereine und wähle in meinem Land die Partei, von der ich glaube, daß sie alles in ihrer Macht Stehende tun wird, um diese Katastrophen abzuwenden. Ich war 1989 in Deutschland, 1956 in Ungarn, 1976 im Iran, 1968 in Paris und in Bolivien, und ich habe über dies alles geschrieben – allerdings nicht in lyrischer und nicht in erzählender Form, weil ich nun einmal nicht glaube, daß diese, zumindest in meinem Fall, dafür gedacht sind. Ich war Zeuge, als Claude Simon, der das Grauenerregende des Zweiten Weltkriegs beschrieben hat, in Amsterdam gefragt wurde, wie er über den Golfkrieg denke. Er wußte keine Antwort und versuchte zu sagen, daß er, indem er über einen bestimmten Krieg geschrieben habe, über Krieg schlechthin geschrieben habe, über die Idee des Krieges, diesen unermeßlichen, von Menschen entfesselten Schrecken, der zur Geschichte gehöre wie ein ewiger Schatten, und daß er dadurch deutlicher gemacht habe, was Krieg sei, als alles, was er an einem beliebigen Abend über einen beliebigen Krieg sagen könne. Kunst braucht niemandes Botschaften zu überbringen, sie ist ihre eigene Botschaft, sie verleiht, mit Hilfe einer höchst geheimen Chemie und für Zeitgenossen oft unsichtbar, der Wirklichkeit auf eine Weise Ausdruck, wozu kein anderes Medium auch nur annähernd in der Lage ist. Sie befaßt sich häufig mit Dingen, über die man kaum sprechen kann, und ist aus den Abgründen und verborgensten Winkeln der menschlichen Psyche mit Vermutungen, Träumen, Suggestionen zurückgekehrt, die zunächst niemand hören wollte. Munchs Schrei und eine Erzählung von Kafka sagen mehr voraus als tausend Futurologen, ein Kapitel von Proust deckt mehr auf als hundert Analysesitzungen, und eine Seite von Kawabata sagt mehr über Erotik als zehn Kinsey-Reports. Aber man darf der Kunst nichts auftragen und man kann sie nicht für sich reklamieren. In einem Dorf in der Mancha hat der Bürgermeister eine Sammlung von Don Quijote-Exemplaren angelegt, die berühmten Persönlichkeiten gehört haben. Auch Adolf Hitlers und Josef Stalins Exemplar befindet sich darunter. Das Buch, das wie kein anderes das Sublime der menschlichen Freiheit zum Ausdruck bringt, hatte die beiden Sklavenhalter also nichts gelehrt.

Und damit bin ich wieder an meinem Ausgangspunkt angelangt: Die Phantasie hat keinen anderen Ausgangspunkt als sich selbst. Sie ist nicht wertfrei, liefert freilich auch keine Werte auf Bestellung. Sie wirkt in der Welt als subversive Kraft, als Trost, als Enthüllung, als Widerstand, als Besinnung, sie hat die tausend Gesichter des Unbenennbaren, sie geht ihrer Wege und taucht immer dort auf, wo sie von keinem erwartet wird, und stets wird sie sich über unsere Fragen und Forderungen wundern. Poesie, Fiktion, Phantasie – es geht immer, wie Marianne Moore es so unnachahmlich formuliert hat, um *imaginary gardens with real toads in them*, imaginäre Gärten mit wirklichen Kröten, und versuchen Sie die mal zu fangen.

Eine Frage aus Brüssel

Vor noch nicht allzu langer Zeit war ich in Brüssel. Schriftsteller sollten dort erzählen, auch hier werden also Fragen gestellt, ob es eine europäische Fiktion gebe oder nicht und welche Geister sie inspirierten oder speisten. Auch in Brüssel stellen sie mehr Fragen, als die Welt Antworten kennt. Ich hätte natürlich sagen können, daß es eine europäische Fiktion gibt, weil es nun einmal Fiktion gibt, aber weil ich nicht – wie die Fragensteller – Privates mit Universalem verwechseln wollte, ließ ich, in Form einer Fabel, eine Reihe universaler Privatpersonen antworten.

In dem grenzenlosen Raum, in dem die erdachten Personen sich aufhalten, hatte jemand die Frage aus Brüssel vernommen. Wer das war, berichtet die Geschichte nicht. Der eine sagt, es war der Baron de Charlus, der andere meint, es war Ulrich ohne Eigenschaften, während andere Leute behaupten, Stephen Daedalus sei als erster damit angekommen. In dem grenzenlosen Café, in dem sie sich abends treffen – es ähnelt ein wenig dem Café, das Witold Gombrowicz in Buenos Aires frequentierte –, war diese Frage das Tagesgespräch. Don Quijote, Harry Haller, Bouvard, Adrian Leverkühn, Josef K., die Schneekönigin, Odysseus, die Brüder Karamasow – alle sprachen davon.

Das ist auch nicht weiter verwunderlich.

Erdachten Personen ist eine besondere Art von Hochmut eigen, gepaart mit Verletzlichkeit. Einerseits haben die meisten erdachten Personen bereits eine unendliche Anzahl nicht erdachter Personen überlebt. Andererseits sind erdachte Personen nun einmal von nicht erdachten Personen abhängig. Sobald diese aufhören zu lesen, ist es um die Jungen Werthers, die Hamlets, die Don Juans, die Draculas und die Mutter Courages geschehen – soviel ist sicher.

Die Herren Plûme, Teste, Palomar und Cogito sprachen über die Dummheit der nicht erdachten Personen, die, soviel stand fest, an ihrem eigenen Bezugssystem rüttelten, wenn sie die Existenz der erdachten Personen in Zweifel zogen.

Wie sollten sie einander die Probleme ihres kurzen, vergänglichen Lebens begreiflich machen, wenn sie nicht über die Schlüsselworte verfügten, die die erdachten Personen ihnen in Gestalt ihrer Namen immerfort darboten?

Konnte man denn noch über Zweifel sprechen, ohne Hamlet aus seinem Schlaf zu erwecken, war es noch möglich, gewisse Formen von Promiskuität zu erwähnen, wenn Don Juan nicht bereit wäre, Tag und Nacht Überstunden zu machen, stand Josef K. nicht hinter jedem drittklassigen Journalisten, der sich bemüßigt fühlte, etwas über die Bürokratie oder die Schrecken des totalitären Staates von sich zu geben?

Ausgebeutet waren sie, das war ihrer aller Meinung, und zwar schon von Anfang an. Natürlich gab es Haarspalter, denen zufolge erdachte Personen nur dann erdachte Personen waren, wenn man auch wußte, wer sie erdacht hatte, so daß die in den versammelten Geschichten der Mythologie aufgebotenen Gestalten eigentlich nicht dazugehörten, aber diese Ansicht wurde von der

Mehrheit schon lange nicht mehr geteilt, so daß man in letzter Zeit Othello regelmäßig in Gesellschaft von Psyche und Wotan sah, und auch die Freundschaft zwischen Dido und dem Idioten war nicht unbemerkt geblieben. In dem Maße, wie die Angst vor dem Nicht-Lesen gestiegen war, war sogar die Distanz, die stets zwischen verschiedenen Erscheinungsformen ein und derselben und doch nicht derselben erdachten Person existiert hatte, verschwunden, so daß man mitunter den Don Juan von Tirso de Molina zusammen mit dem von Byron, da Ponte und Molière das Café betreten sah, und in letzter Zeit war sogar eine Bewegung entstanden, auch jenen Werken einen Platz einzuräumen, die in der Geschichte eine bedeutsame Rolle gespielt hatten, so daß man auf dem unendlichen Platz vor dem Café Gespräche zwischen dem Lob der Torheit, der Göttlichen Komödie, dem Kapital und dem Tractatus logico-philosophicus beobachten konnte, Gespräche, die von der Imitatio Christi, der Kritik der reinen Vernunft, The Origins of the Species und dem militärischen Meisterwerk von Clausewitz, dessen Namen sich niemand merken konnte, wiewohl es doch solchen Einfluß gehabt hatte, mit größter Aufmerksamkeit verfolgt wurden.

»Was diese Trottel nicht begreifen«, sagte Sein und Zeit zu Ein Held unserer Zeit und Tausendundeine Nacht, »ist, daß Europa an sich ja bereits eine Fiktion ist, denn im allgemeinen pflegen sich die Töchter phönizischer Könige nicht auf den Rücken eines x-beliebigen Stiers zu setzen, um sich nach Kreta entführen zu lassen, und ihnen ist, wenn man die Frage betrachtet, offenbar auch nicht bewußt, daß wir und die so wundervoll verschiedenen Sprachen, in denen wir geschrieben sind, und die Ideen, die wir mit all unserer ersonnenen oder erdachten Energie vertreten, aus Europa ein gigantisches euklidisches Netz von Wechselbezügen gemacht haben, das genauso real ist wie der Boden unter ihren Füßen, nur ohne ihre schwachsinnigen Grenzen.«

»Grenzen!« sagte Zeno mit seinem Triestiner Akzent zu Graf Leinsdorf und der Welt als Wille und Vorstellung, »wenn man sich anschaut, was sie damit angestellt haben! Man muß sich doch nur mal ein Buch über das Heilige Römische Reich ansehen oder den Balkan im vorigen Jahrhundert! All diese Verschiebungen, Schraffierungen, dieses ganze Ballett immer wieder neuer Grenzziehungen, die Eroberungen, Niederlagen, personalistische Kapricen, Herzogtümer, Niemandsländer, Marquisate bezeichnen mußten – sie haben nie etwas anderes getan, als ineinander einzudringen, sich in anderen Sprachen einzunisten, einander Religionen und Begriffe aufzudrängen, alles im Dienste des mutwilligen Zufalls ihrer Geschichte!«

»Es kommt darauf an, was man als Zufall bezeichnet«, sagte King Lear, und La Celistina und die Summa Theologica pflichteten ihm bei. »Nimm mal die Geschichte Spaniens«, sagte Der Aufstand der Massen. »Wenn die asturischen Könige in Nordspanien, das neben Navarra das einzige im achten Jahrhundert nicht von Moslems besetzte Gebiet Spaniens war, nicht damals und dort mit der Reconquista begonnen hätten, die erst sieben Jahrhunderte danach abgeschlossen sein sollte, dann wäre ganz Europa heute vermutlich moslemisch.« »Genau«, sagte die Philosophie der Geschichte, aber Candide kicherte. »Dann hätte es die meisten von uns hier nie gegeben«, sagte er, »und das ist auch kein so reizvoller Gedanke.«

»Zufall oder Notwendigkeit, das läßt sich nie entscheiden«, sagte Settembrini zu Reineke Fuchs.

Die Herzogin von Guermantes gähnte, stieß damit aber beim Herbst des Mittelalters nicht auf Verständnis. »Gnädigste«, sagte er, »gerade Sie müßten für diese Subtilitäten das meiste Verständnis aufbringen. Eine solche Dynastie«, und er achtete peinlichst darauf, das Wort nicht amerikanisch auszusprechen, »der Sie ja schließlich auch angehören, da das Fiktive hier nun einmal mehr Ansehen genießt als die schlammgraue Schemenhaftigkeit der früheren, nicht erdachten Geschichte, eine solche Dynastie sieht in einer graphischen Darstellung stets wie eine auf den Kopf gestellte Pyramide aus oder wie das verwirrende U-Bahnnetz einer viel zu großen Stadt. Man erkennt, wie sich ihre Waffen, Wappen, Aszendenten ineinander schieben, verhaken, und weiß, daß jede Bewegung Paarungen und Geburten darstellt, Liebe zwischen Interessen, ein typisch europäisches Gesellschaftsspiel, aber immer mit echten Menschen, mit Stimmen, die Worte sprachen, mit letzten Atemzügen, mit Signaturen unter der Spinnenschrift von Dokumenten. Dieses asturisch-moslemische Epos ist nur ein Beispiel. Wir bestehen aus Tausenden solcher Geschichten. Dieser ganze Erdteil ist ein Palimpsest, ein schwindelndes Syntagma!«

»Aber wer hat es geschrieben?« fragten die Confessiones und die Confessions, diese verwirrenden Zwillinge, von denen der eine so lange nach dem anderen geboren wurde. »Der da oben«, sagte Maria Stuart, nicht die echte, sondern die von Schiller, aber das fand wenig Beifall. Im allgemeinen sprach man ungern von Autoren, gleichgültig welchen. Insofern war die Gemeinschaft der Erdachten eindeutig klüger als die der Nicht-Erdachten.

Die einzigen Nicht-Erdachten, zu denen die Erdachten irgendeine Beziehung unterhielten, waren die Leser. Ansonsten betrachteten sie die Nicht-Erdachten vor allem als platonisches Material, aus dem sich neue Erdachte schaffen ließen, was von ihrem Standpunkt aus verständlich ist. Meist sagten Erdachte, die sich von historischen Nicht-Erdachten herleiteten, nicht viel, aber jetzt konnte der Danton von Büchner doch nicht mehr an sich halten. Er war sich seines dubiosen Status in dieser Gesellschaft, der eigentlich, wie im Falle von Heinrich dem Achten und Minna von Barnhelm, vor allem vom Talent des für gewöhnlich verschwiegenen Autors bestimmt wurde, zwar voll und ganz bewußt, konnte jetzt aber nicht länger schweigen. »Wenn die Almohaden und andere Moslemdynastien sich nicht über Jahrhunderte hinweg in Córdoba und Toledo gehalten hätten, wäre das gesamte Erbe der griechischen Kultur nicht von arabischen Gelehrten übersetzt und so dem Europa der Renaissance überliefert worden«, rief er aus. »Sie können das meinetwegen als Zufall bezeichnen, denn ich selbst halte, wie Sie verstehen werden, auch nicht eben viel vom sogenannten unabwendbaren Lauf der Geschichte, aber dann ist der Zufall in all seinen labyrinthischen Konsequenzen doch wohl der Schutzpatron Europas!«

»Hear, hear«, sagte Mr. Pickwick, der das meiste nicht gehört hatte, aber mit Inbrunst gesprochene Sätze liebte, und selbst Scheherazade und die Encyclopédie stimmte ihm dieses Mal zu.

Es war nun ein wenig still geworden. Erdachte Figuren sind sich auf tragische Weise der eigenartigen Balance bewußt zwischen ihrer Herkunft, die, wie jedermann weiß, der schon einmal einem Schriftsteller begegnet ist, ja auch schon von allerlei Zufälligkeiten abhängt, und dem Einfluß, den sie mitunter auf das Leben ihrer nicht erdachten Leser haben. Sie kennen ihre nie eindeutig zu definierende Position im Pandämonium europäischer Bezüge, ihre mal ephemere, dann wieder schicksalhafte Rolle bei der gegenseitigen Befruchtung von Gedanken, Entwicklungen, miteinander verwobener, sich gegenseitig zunichte machender Denkweisen, die Wahnsinnsarien aufeinanderfolgender Doktrinen und zum Teil schon wieder überholter Dogmen, die zu so vielen Eingriffen in die persönliche wie die allgemeine Geschichte der nicht erdachten Personen geführt hatten.

»Eines ist sicher«, sagte die Fröhliche Wissenschaft zu Marcel von der Verlorenen Zeit, »und zwar, daß es uns gibt.« Diese Meinung wurde von allen geteilt, angefangen bei Anna Karenina bis hin zum Grünen Heinrich. Ein Beben ging durch die Gesellschaft, und obgleich keiner etwas sagte, schien es, als könne man ein Rauschen von Gedanken und Anspielungen hören, ein kaum vernehmbares Wehen, freilich von einer solchen Tonalität, daß Außenstehende Mühe gehabt hätten, die versteckten musikalischen Motive darin zu entdecken, die von überallher stammen konnten, den keltischen Hymnen wie einem geflüsterten Gespräch am Hofe der Borgias, dem Linsenschleifen eines jungen Juden in der Nähe von Leiden im siebzehnten Jahrhundert, dem Brodeln in alchimistischen Retorten, dem Kratzen einer Feder auf einer päpstlichen Bulle, dem Schlurfen peripatetischer Sandalen, dem leisen Weinen in Viehwaggons auf dem Weg nach Osten, dem Salve Regina in einem Zisterzienserkloster in den Pyrenäen, dem Geräusch eines Hammers an einer Kirchentür in Wittenberg, dem Echo eines Madrigals über dem Canal Grande, dem Summen eines Malers, der die eine oder andere Nachtwache malt, der Art von Geräuschen, mit denen ein Erdteil mit sich selbst spricht.

»Vielleicht«, sagte eine zögernde Stimme, von der niemand so rasch zu sagen wußte, woher sie kam, wenngleich fast alle den niederländischen Akzent bemerkten, »vielleicht müßten wir den Leuten da in Brüssel und München ein bißchen helfen?«

»Aber wie?« fragen Julia, Juliette und Fröken Julie in einem Atemzug.

»Vielleicht«, fuhr die Stimme fort, »müßten wir sie dazu bringen, mit dem bißchen Einfluß, das sie haben, dafür zu sorgen, daß wenigstens einmal das Erdachte und das Nicht-Erdachte für jedermann sichtbar und deutlich zusammenfallen.«

»Und wie, bitte schön?« fragte Mrs. Dalloway.

»Indem man dem ersten bedeutenden Stern, der in naher Zukunft entdeckt wird, den Namen jenes südamerikanischen Schriftstellers gibt«, sagte die Stimme, dessen Besitzer man noch immer nicht ausfindig gemacht hatte, »der in seinem eigenen Leben die Grenze zwischen Fiktion und Wirklichkeit aufgehoben hat.«

»Borges«, flüsterte der von Borges erdachte Shakespeare, der dem echten auf so seltsame Weise glich, und es schien, als wäre nun ein Zeichen gegeben. Alle standen auf in diesem Saal, der plötzlich so groß schien wie ein erdachtes All, und gingen hinaus, um zu schauen, ob der Stern schon zu sehen sei.

Im Wartezimmer Europas

Geschichte ist alles, was der Fall war.

Geschichte ist eine aus sich selbst bereitete Substanz, eine durch sich selbst in Gang gesetzte Kette von Ursache und Wirkung, Zufall und Schicksal.

Wenn Geschichte alles ist, was der Fall war, dann ist der Fall, daß wir ein Teil und ein Produkt von ihr sind, zugleich ein Teil des Falles, der durch uns Geschichte wird.

Unsere Wahrnehmung der Geschichte gleicht, während sie geschieht, etwa der einer Amöbe in einem Körper.

Was wir gesehen haben, selbst gesehen und gehört haben, was wir erlitten oder getan haben, wird später von uns anachronistisch interpretiert. Es wird auch an dem geprüft und mit dem verglichen, was andere – Freunde, Feinde, Sieger, Opfer – erlebt haben oder glauben, erlebt zu haben.

So entsteht schließlich etwas, was wir Urteil, Erinnerung, persönliche Geschichte nennen, etwas, was der Fall war oder nicht war, was aber, auf welche Weise auch immer, als Wahrheit oder Lüge oder Verzerrung, Teil des Falls wird, der die Geschichte ist.

Ich möchte jetzt diese Abstraktion verlassen und etwas aus meiner eigenen Sammlung von Erinnerungen, Verzerrungen, möglichen Lügen erzählen, die mit noch immer demselben Krieg zu tun haben, der, wenn ich richtig sehe, für die meisten von Ihnen insofern nicht existiert hat, als Sie damals noch nicht auf der Welt waren, und der andererseits so lange weiterexistieren muß, bis der letzte, der ihn mitgemacht hat, tot ist.

Und natürlich stimmt auch das schon wieder nicht. Sie wissen, daß dieser Krieg der Fall war, Sie haben Bücher gelesen und Filme gesehen, die diese oder jene Wirklichkeit verbreiten, Sie haben Zeugenberichte gesehen oder gehört, die zutreffend oder wahrheitsgetreu waren oder nicht, Zeugenberichte, die Sie richtig interpretiert haben oder nicht, von Menschen, die tatsächlich dabeigewesen waren, Menschen, die Ihnen erzählt haben oder nicht, daß dieselben unumstößlichen Tatsachen im Laufe ihres Lebens in dem Maße, in dem die Geschichte in der gleichen geheimnisvollen Weise fortschreitet, wie die Zeit es tut, ein ständig anderes Gesicht bekommen und dadurch auch ständig andere Interpretationen und Fakten schaffen, wodurch die Geschichte, die ja alles ist, was der Fall war, damit wieder aus anderen Fällen besteht und doch noch immer all das ist, was der Fall war.

Alles ist schließlich alles, da sind Ergänzungen jederzeit möglich, zum Beispiel das, was wir noch nicht wußten oder zugeben wollten und was dennoch der Fall war.

Vorige Woche war ich auch schon in dieser Stadt. Damals hieß das Thema Europa, heute heißt es, noch einmal, Deutschland. Ich erzählte, wie ich am 10. Mai 1940, sechs Jahre alt, durch den Einmarsch der deutschen Truppen mit einem Donner zum Europäer geschlagen wurde. Ich erzähle es wieder, weil ich weder die Geschichte meiner Europäisierung – wenn man es so nennen will – noch die meiner Beziehung zu Deutschland – und beide gehören zueinander – ohne diesen eigenartigen Kernmoment erzählen kann. Es ist natürlich nicht wahr, daß mein Leben in diesem Augenblick begann, aber so kommt es mir vor. An die Zeit vor jenem 10. Mai habe ich, so unvorstellbar es auch klingt, keine bewußte, genaue Erinnerung. Nie werde ich ein *A la Recherche du Temps Perdu* schreiben können, weil diese ersten sechs Jahre, meine Kindheit, wirklich *perdu* sind, verloren, fortgeweht, übertönt vom Lärm der Heinkel und Stukas. Mein Vater hat währenddessen etwas gesagt, aber in meiner Erinnerung sagt er nichts, er sitzt da, blickt auf die Weiden und sieht dasselbe wie ich, Männer, die so ulkig an Fallschirmen aus dem Himmel fallen, die unser Land *besetzen*, zum erstenmal bedeutet dieses Wort etwas. Später habe ich gedacht oder mich erinnert oder mir eingebildet, daß mein Vater mich verachtete. Ich zitterte in einem fort.

An zwei Arten von Flugzeuglärm erinnere ich mich, an das höllische Heulen und Gellen jener ersten Tage, den roten Horizont des brennenden Rotterdam, das dazu gehörte, Sirenen, Abwehrgeschütze, ferne Bombeneinschläge, und dann, ein paar Jahre später, das unendlich monotone Dröhnen – als würde ein Baß gestrichen, der so groß war wie der Himmel selbst – der Luftflotte, ausgesandt, Deutschland zu bombardieren, drohend war dieses Geräusch, rachsüchtig, Schicksal und Tod schwangen mit, Tod, der dorthin zurückgebracht wurde, von wo er gekommen war. Lancaster hießen diese Flugzeuge, und die Antwort darauf wiederum waren Wernher von Brauns V 2, die ebenfalls in der Nähe unseres Hauses in Richtung London abgeschossen wurden, ein Heulen aus der Unterwelt, das aus einem apokalyptischen Lichtschein zu kommen schien – alles Stoff für Alpträume.

Ein paar Tage nach jenem 10. Mai marschierten die Truppen ein. Die feindlichen Truppen. Seltsamerweise ist das in meiner Erinnerung etwas, was in völliger Stille geschah, und das ist unmöglich. Sie trugen Stiefel, da waren Fahnen, Trommeln, es wurden Befehle erteilt, die *ich* folglich erst später hören sollte, als ich Kriegsfilme sah, dieses laute Geschrei, das im Wind verweht und gellend in die Ohren dringt. Aber damals hörte ich nur dieses Nichts, das Stille heißt und das die Stille der Erwachsenen um mich gewesen sein muß, die Stille der Niederlage. Erst viel später ist mir klargeworden, daß Deutsch die erste fremde Sprache war, die ich hörte, auf jeden Fall die erste fremde Sprache, die ich las. Proklamationen des Ortskommandanten, Todesurteile auf Plakaten, an Mauern geklebt, die unentrinnbare Stimme, die manchmal durch die Fenster hereinwehte und schon wieder einen Sieg verkündete, ein Pappschild auf einer Leiche, auf dem stand »Ich bin ein Plünderer«, Lieder vorbeimarschierender Truppen, die, als sie später in die entgegengesetzte Richtung marschierten, nicht mehr sangen. Vielleicht ist dies der Punkt, an dem die Verfälschung der Erinnerung einsetzt. Wer wird es später noch auseinanderhalten können, das Deutsch der *Kindertotenlieder* und das Deutsch der Befehle, das Deutsch der Angst und das Deutsch, in dem ich, so viele Jahre später, an einem flammenden Herbsttag an der Penobscot Bay in Maine einem alten Gelehrten, der in den dreißiger Jahren nach Amerika geflüchtet war, auf dessen Bitte hin die *Sonette an Orpheus* aus seinem eigenen, völlig zerlesenen Exemplar vorlas. Wer kann überhaupt etwas auseinanderhalten? Warum ging ich, sieben oder acht Jahre alt, zu diesem furchterregendsten aller Wesen, einem deutschen

Offizier, um zu fragen, wie spät es sei? Aus derlei Imponderabilien, unwägbaren Nichtigkeiten, setzt sich später die Erinnerung zusammen. Was war in mich gefahren? Die hohe Mütze, die Stiefel, das Eiserne Kreuz, die emblematische Gestalt, es hätte, dachte ich später noch immer genauso töricht, ein Ernst Jünger sein können. Wie dem auch sei, dieser Mann wußte, wie spät es war. Er zog eine goldene Uhr aus irgendwelchen Tiefen dieser Uniform hervor und teilte mir mit, wo die Zeit in diesem Augenblick angekommen war – Ende, Abgang. Also nichts, und doch etwas, denn ich weiß es noch. Aber fragen Sie mich nicht.

Andere schufen sich in dieser Zeit andere Erinnerungen. Freunde, meist etwas älter, wir sollten uns erst nach dem Krieg begegnen, als wir bereits erwachsen waren, Schriftsteller, Journalisten, Politiker, Architekten. Wir erzählten uns von jenen ersten Tagen, von den späteren Jahren, einer von ihnen war in den Widerstand gegangen, auf ihn kommen wir später noch zurück, andere, jüdische Freunde waren in diesen Kriegsjahren bei calvinistischen Bauern auf dem Land untergetaucht, die damit ihr Leben riskierten. Einer unserer Freunde, als einziger seiner Familie übriggeblieben, beging Selbstmord an dem Abend, an dem wir den ältesten von uns allen, bei dem wir uns immer trafen, beerdigt hatten, einen Dichter, der in Dachau gewesen war. Wir saßen im Haus des Toten beisammen, als die Nachricht kam, und ich erinnere mich an die Wut eines der Anwesenden, mit der er den Psychiater dieses neuen Toten fragte: »Woran ist er gestorben?« Es war eine irrationale Frage, die wie eine Beschuldigung klang, und die Antwort war kurz, von einem erteilt, der weiß, daß er eine nie mehr gutzumachende Niederlage erlitten hat: »Er ist an Trauer gestorben.«

Ich soll hier über Deutschland sprechen. Tue ich das eigentlich? Natürlich tue ich es, ich spreche über *ein* Deutschland, eines von einst und damals. Aber warum sollte ich Ihnen mit meinen Erinnerungen lästig fallen. Habe ich etwa ein Recht dazu? Nein, dazu habe ich kein Recht, und die Zufälligkeit unserer Geburt auf dieser oder jener Seite einer Landesgrenze und überdies noch einer Zeitgrenze kann mir dieses Recht auch nicht geben. Nur: Wenn ich mich dem Deutschland von heute nähern will, wenn man will, daß ich etwas darüber sage – ich kann es nur auf dem Weg über meine Erinnerungen.

Meine erste Reise nach Berlin machte ich 1963. Ich machte sie in Gesellschaft zweier Freunde. In meinen Leo Brugsma gewidmeten *Berliner Notizen* erzähle ich von dieser Reise, ich nenne die Namen der Freunde, aber sage nicht, wer sie waren. Sie kannten sich aus Dachau. Der ältere war ein Dichter, der, von dem ich gerade sprach, er hatte schon 1938 anläßlich der »Kristallnacht« ein Gedicht geschrieben mit dem immer wiederkehrenden Refrain

»Nur zehn Stunden Zugfahrt bis nach Berlin.«

Später hatte er diese Strecke selbst in einem Eisenbahnwaggon zurücklegen müssen, er hatte es überlebt, und jetzt fuhren wir also durch das Land seiner früheren Gefangenschaft. Ich glaube nicht, daß er Deutsche wirklich haßte, aber das Verhältnis war schwierig, der Schock des Lagers, des Todes, der Leichen in seinem Leben war sehr groß gewesen, es schien, als komme er in diesem Leben nie mehr ganz zurecht. *Eine* traumatische Erfahrung beherrschte seine Erinnerung. Eines Nachts hatte er im Halbschlaf gemerkt, wie der russische Gefangene, der über ihm schlief, sein so sorgsam bewahrtes Zuckerstück stahl. Er hatte einen Schrei losgelassen, woraufhin die SS gekommen war, den Russen mitgenommen und erschossen hatte. In den ersten Jahren, in denen ich ihn kannte, den späten fünfziger Jahren, machte mein alter Freund sich noch die Mühe, an den zahllosen deutschen Autos, die über Ostern nach Amsterdam kamen, ein kleines weißes Pappschild zu befestigen, auf dem stand: *»Heim ins Reich«*. Ich fragte ihn, warum er, der physisch nicht ganz in Ordnung war – er starb wenige Tage vor seinem sechzigsten Geburtstag, viel zu früh –, sich diese Mühe mache und ob es ihn nicht störe, daß diese Schilder möglicherweise bei den Falschen landeten, bei denen, die wir damals die »guten Deutschen« nannten, aber meine Frage kümmerte ihn nicht. Er sei fest davon überzeugt, sagte er, daß gute Deutsche ihn verstünden.

War das so? Verstehen Menschen, die im Grunde das gleiche wollen, sich immer? Der andere Freund im Auto, der jüngere, sollte später eine andere Erfahrung beschreiben, ehrlich gesagt, ziemlich launig. Er ist derjenige, dem ich meine *Berliner Notizen* gewidmet habe, weil ich von ihm am meisten über Deutschland gelernt habe. Willem Leonard Brugsma ist sein Name, er ist Journalist, und 1983 beschrieb er in seinem Buch *Europa, Europa* folgende Erfahrung: »Auf dem Appellplatz von Dachau, unter dem blauweißen Himmel Bayerns, wird 1968 ein Denkmal enthüllt. Es ist den Lagerinsassen aus dreiundzwanzig Ländern gewidmet, die hier an Ruhr, Flecktyphus, Rippenfellentzündung, Hunger, Phlegmonen, Erhängen, Erfrieren, ›Erschießen auf der Flucht‹ starben oder einfach, weil sie dann noch lieber in den elektrischen Zaun rannten.

Weil es eine offizielle Enthüllung ist, sind Militärkapellen aus England, Frankreich, Belgien und den Niederlanden aufmarschiert. Sie blasen Märsche und später auch ›Last Post‹ und ›Aux morts‹ für die Respektspersonen, die auf einer reservierten Tribüne Platz genommen haben. Dort sitzen Minister, Prälaten, Botschafter, Militärattachés und auch ein Prinz, der der Niederlande.

Weil auf einer Tribüne Respektspersonen sitzen, stehen in einer entfernten Ecke auch respektlose Personen. Sie sind jung und tragen Bärte, Brillen und Transparente. Darauf ist zu lesen, daß sie gegen die NATO und den Imperialismus sind und auch gegen Heinrich Albertz, den ebenfalls anwesenden Bürgermeister von Berlin, der, obwohl Sozialdemokrat, so sehr für Ruhe und Ordnung ist, daß Benno Ohnesorg dran glauben mußte.

Diese Ruhe und Ordnung, hervorragend verkörpert durch die offiziellen Gäste in dunklen Anzügen und hütetragenden Damen, werden jetzt gestört, weil die Alternativen im Sprechchor rufen: *›Heute Pogrom-Hetze, morgen die Endlösung‹*.

Weil letzteres Wort das Mißfallen eines kleinen Mannes erregt, der sich für diesen feierlichen Anlaß den gelben Davidsstern freiwillig angeheftet hat, begibt dieser sich im Laufmarsch zu der diskret postierten deutschen Polizei, noch immer in Grün. Er verlangt: *›Schlagt sie tot.‹*

Weil die heutige deutsche Polizei das lieber nicht mehr tut, schreien die Protestierer ruhig weiter. Der Journalist stellt fest, daß sie einer Studentenorganisation angehören, die sich Sozialistische Deutsche Arbeiter Jugend nennt.

Zwischen den Schweigenden auf der reservierten Tribüne und den Rufenden ohne Eintrittskarte, den ›*Herren ohne Programm*‹ und den ›*Protestierenden ohne Ziel*‹ stehen sie: etwa zweitausend Überlebende des Konzentrationslagers Dachau, in dem einst Bolschewiken, Monarchisten, Homosexuelle, Liberale, Erpresser, Zeugen Jehovas, Sozialisten, Zigeuner, Kokainschmuggler, katholische Priester, Juden, evangelische Pfarrer und Partisanen eingesperrt waren, in einer Welt von dreihundert mal sechshundert Metern, die man eigens für sie geschaffen hatte.

Für sie hat man nun dieses Denkmal errichtet, und für seine Enthüllung wird eine Schweigeminute verkündet. Doch wegen der Studenten, die keine Arbeiter werden wollen und doch so tun, als seien sie es bereits, kann es nicht still werden. Längst nicht so still wie beispielsweise damals, als hier Russen gehenkt wurden. Wenn das Lagerorchester dann seinen Marsch zu Ende geblasen hatte, wurde es so still, daß die Angetretenen nur noch die Amseln in den Pappeln der Lagerstraße flöten hörten.

Jetzt wird die Stille durch das Geschrei der SDAJ gestört.«

Mit diesen beiden Männern, dem Dichter und dem Journalisten, machte ich also meine erste richtige Reise nach Deutschland, und es schien, als sei das eigentlich nicht möglich, als bestehe dieses Land aus einem Mythos, durch den keine Straßen führen konnten, ein Mythos, geschaffen aus meinen eigenen wenigen Erinnerungen und den um so vieles schwereren der beiden anderen, aus den vielen Filmen über den Krieg, die wir bei dem Dichter zu Hause gesehen hatten, bei etwas, was noch am ehesten rituellen Beschwörungsséancen geglichen hatte. Nun wurde es Wirklichkeit, und die sah aus wie sie selbst, verschneite Autobahnen, eine winterliche, gefrorene Landschaft. Man kann niemandem ansehen, daß er in einem Lager gesessen hat, also benahmen die Vopos sich rollenkonform, »deutsch« haben wir vielleicht zueinander gesagt, obwohl dieser andere deutsche Staat stets so getan hat, als habe er nichts mit dieser Vergangenheit zu tun, als könne der westliche Teil ruhig allein dafür büßen. Mit Spiegeln unter das Auto spähen, Papiere fünfmal durchschauen, kommandieren, schreien, wenn man nicht schnell genug verstanden hatte. Ich erinnere mich an Wachtürme im Schnee, Stacheldraht, Männer in weißen Anzügen, die hinter einem hechelnden Hund herliefen, Gewehre, Stille. Was die beiden anderen dachten, konnte ich nicht sehen, sie hatten sich in sich selbst zurückgezogen. Es mußte doch alles stimmen, dachte ich, die Sprache, die anderen, die gleichen Uniformen, der Stacheldraht. Aber sie sagten nichts, oder, genauer, sie sprachen, als wir weiterfahren durften, über deutsche Gerichte, über Hackepeter und frische Blut- und Leberwurst, über Eisbein und Maultaschensuppe, wenn ich von irgend jemandem gelernt habe, deutsch zu essen, so von diesen beiden, mir kam es wie eine schamanistische, furchterregende Form von Heimweh oder Identifizierung vor. Es war, denke ich, die lehrreichste Reise, die ich überhaupt machen konnte. Wir waren wegen des Chruschtschow-Besuchs beim SED-Parteitag in Ostberlin gekommen, ich erinnere mich an den roten Läufer, der tausendmal von gebückten alten Frauen gebürstet wurde, die dünne Stimme Ulbrichts, die unheilverkündende Einstimmigkeit. Ich war inzwischen dreißig, der Krieg war schon wieder achtzehn Jahre vorbei, doch hier, in diesem anderen Deutschland, schien es, als stimmte alles noch, als fände eine seltsame Fortsetzung statt, in die ich irgendwie hineingeraten war. Wir wechselten hin und her zwischen Ost und West und passierten täglich die Wachposten, wir sahen die neue Mauer, die ich tausend Jahre später fallen sehen sollte, es war Krieg und Frieden, Vergangenheit und Gegenwart zugleich, ich wurde angezogen und abgestoßen, ich gehörte nicht dazu und gleichzeitig gehörte ich mehr dazu als einer, dessen Land nie besetzt gewesen war, und sei es nur deswegen, weil ich alles verstand. Was mich erstaunte und noch immer erstaunt, ist, wie anders es ist als andere Länder. Meine ersten Reisen nach dem Krieg hatten mich in den Süden geführt, in die Provence, nach Italien, Spanien, der Schock des sofortigen Erkennens, das Theatralische, die Pracht der südlichen Szenerie, das mediterrane Licht. Nach der Dunkelheit des Nordens und dem so anderen Dunkel des Kriegs, in dem ich aufgewachsen war, und der kahlen, von allem beraubten Zeit danach war es wie eine Heimkehr gewesen. Und doch zog auch diese andere Welt mich an, und wenn ich sagen soll, warum, weiß ich es nicht und denke manchmal: vielleicht wegen des unerbittlichen Ernstes und vielleicht auch, weil ich glaube, daß die Zukunft, die, wie Sie wissen, ein Motor ist, der noch nie gelaufen ist, hier entschieden wird, in der Mitte Europas, wo die Macht an ein Vakuum grenzt.

1970 unternahm ich eine weitere Reise, diesmal allein. Jeden Tag notierte ich ein Zitat aus der deutschen Literatur, das mir gefiel, und eine Überschrift aus der *Bild-Zeitung*, ein merkwürdiges Vorgehen, das seltsame Kombinationen ergab wie zum Beispiel: »Richter zwang Frau eines Häftlings zur Liebe« und »fieberhaft und angekettet das Lebendige scheinet, oder auch bei Nacht, wenn alles gemischt ist ordnungslos und wiederkehrt uralte Verwirrung«.

Verwirrung, ich war selbst ihr Opfer. Ich las Mitscherlichs *Die Unfähigkeit zu trauern*, ich sah Willy Brandt, der sehr wohl trauern konnte und der gleichzeitig die Öffnung nach Osten vorbereitete, die heute so logisch und unausweichlich erscheint und damals so unvorstellbar und mutig war. Die Unfähigkeit zu trauern, stimmte das? Und wie fähig waren andere Länder, Japan zum Beispiel oder Italien? Ich zweifelte, ich wußte zu wenig von Deutschland, ich kannte damals zu wenig Leute, und merkwürdigerweise schien mir das Buch selbst ein Grund zum Zweifeln, denn auch das öffentliche Trauern über das Nichttrauern ist eine Form des Trauerns, und wieder zwanzig Jahre später kann ich sagen, daß ich kein Land kenne, das sich so mit seiner Vergangenheit beschäftigt hat wie dieses. Ich weiß, das ist nicht dasselbe wie Trauern, aber immerhin. Und es gab, auch damals, andere Zeichen. Ich besuchte, vielleicht aus einer nicht ganz gesunden Faszination heraus, einen Landesparteitag der NPD, in der manche in meinem Land bereits eine neue Gefahr erblickten, und ich sah, daß sie zu diesem Zeitpunkt nicht mehr war als eine kleine, ausrangierte Nostalgie- und Ressentimentpartei, umringt von Presse und Fernsehkameras, die taten, als sei hier tatsächlich etwas los. Draußen in der Kälte stand eine Gruppe sehr junger Demonstranten mit einem Transparent »Bonhoeffer-Gymnasium, Bollwerk gegen Faschismus«, und diese jungen Menschen schienen mir wichtiger als der Heimwehklüngel drinnen.

Das Ende meiner Reise war Bad Godesberg. Etwas, was dort geschehen war, hatte, wenn auch noch so entfernt, mit meinem Leben zu tun, und ich wollte den Ort sehen, Rheinhotel Dreesen. Ich ging durch dieselbe Tür hinein, durch die Chamberlain und Hitler das Haus betreten hatten. Weiß und vornehm war es und an jenem Sonntagnachmittag hauptsächlich mit Kuchen essenden Damen gefüllt, die die Schemen der Vergangenheit zwischen ihren Zähnen zermalmten. Es gibt eine Spezies von Damen, die überall auf der Welt immer alles überleben wird. In *The Rise and Fall of the Third Reich* (Aufstieg und Fall des Dritten Reiches) ist die gesamte Szenerie beschrieben: wie Chamberlain mit seinen Zugeständnissen ankommt, die im Grunde bereits den Verrat an der Tschechoslowakei beinhalten, wie Hitler von dem abrückt, was er zunächst gefordert hatte, wie er blufft, erpreßt, droht. Shirer beschreibt, wie er in diesen Tagen aussah, am Rande eines Zusammenbruchs, wie er seltsame Sprünge machte auf der Flußterrasse, mit diesem unkontrollierbaren Tic in der rechten Schulter, der Hand in Hand ging mit einem leichten Zucken des linken Beins. Im Foyer standen Göring, Goebbels, Ribbentrop und Keitel und fragten sich, ob es wohl Krieg geben werde. Den gab es, elf Monate später, den Krieg der Erinnerungen und der Menschen, denen selbst die Erinnerungen genommen werden sollten, und schließlich den meiner eigenen, so geringen Erfahrung, die nicht neben die der anderen gehalten werden durfte und die gleichzeitig dasselbe spezifische Gewicht hat wie die künftige Erinnerung eines Sechsjährigen, der heute, 1991, in einer belagerten Stadt Kroatiens lebt, in einem der vielen Zimmer des europäischen Hauses.

Und jetzt? 1989 wurde ich vom DAAD für ein Jahr nach Berlin eingeladen, und so kam ich wieder dorthin zurück, in das große, ruinöse Monument, die geteilte Stadt, die lebende Erinnerung, und zwar in einem jener seltenen Augenblicke eines Menschenlebens, in dem die Geschichte und die Gegenwart keinen Raum zwischen sich zulassen, in dem sie dieses eine Mal zusammen alles sind, was der Fall war und ist, in dem das eigene Dasein in einer alchimistischen Gleichzeitigkeit vom Strom der Ereignisse mitgerissen wird. Ich sah den Kuß zwischen Gorbatschow und Honecker, der dessen Ende besiegelte, ich sah, wie der Russe die DDR umzingelte, in der seine eigenen Truppen noch lagen, ich sah, wie die Mauer fiel und wie zwei Städte und zwei Länder ach, so allmählich und ach, so schmerzhaft ineinanderzufließen begannen, und ich dachte an die Worte, die mein Freund aus Natzweiler und Dachau bereits 1983 geschrieben hatte: »Die deutsche Teilung ist die europäische Teilung. Auch umgekehrt ist es richtig. Die eine läßt sich ohne die andere nicht überwinden. Vielleicht entscheidet sich Europa einstweilen weiter für den Waffenstillstand. Aber die Deutschen können das nicht bis in alle Ewigkeit tun. Wieder Grund zur Angst? Nur wenn die Verbündeten dieses legitime Verlangen ignorieren und in Europa den einzigen Weg blockieren, der zur Erfüllung dieses Verlangens führt.« Dieses Dilemma ist uns, sage *ich* heute, durch Gorbatschow erspart geblieben, den einzigen, der den Mut hatte, aus dem Bankrott des Staatskommunismus, dessen katastrophales Ausmaß er besser als irgendein anderer einschätzen konnte, seine Schlüsse zu ziehen. Mein Freund fuhr, noch immer im Jahr 1983, fort: »Es hat mich selbst auch einige Zeit gekostet, Deutschland wieder in dieses Europa all meiner Vaterländer aufzunehmen. Deutsche haben mir dabei geholfen. (...) Sie haben dafür gesorgt, daß ich – im Gegensatz zu Heine – wieder ruhig schlafen kann, denk ich an Deutschland in der Nacht. Selbst wenn ich *in* Deutschland schlafe.«

Besser als er kann ich es, denke ich, nicht ausdrücken. In meinem Land war er einer der ersten und wichtigsten Befürworter der deutschen Einheit. Hier hörte ich inzwischen andere Stimmen. Nach meinen Lesungen kommen häufig junge Menschen zu mir, die fragen: »Haben Sie keine Angst vor uns, sehen Sie denn die Zeichen nicht, haben Sie keine Angst vor der Macht eines vereinten Deutschlands?« Meine Antwort lautet noch immer: nein. Vielleicht sehen sie einen Abgrund in ihrem eigenen Land oder in sich selbst, den ich nicht wahrnehmen kann, vielleicht sind wir anderen blind oder verrückt, aber ich glaube es nicht. Aus Europa kann sich niemand mehr losreißen, ohne sich selbst zu verletzen, auch Deutschland nicht, und die Strukturen, die sich hier in den vergangenen vierzig Jahren, auch durch die Arbeit des Sich-Erinnerns, gebildet haben, können nicht so leicht ins Wanken gebracht werden, wie manche hoffen und viele hier zu denken scheinen. Und was mich selbst anbelangt, ich bin wieder zurückgekehrt, oder besser gesagt, ich bin dagewesen, weggegangen und wieder zurückgekehrt, aber das ist bei mir nichts Besonderes, das tue ich bei meinem eigenen Land auch. Jedenfalls wohne ich jetzt wieder in Berlin, dem größten Wartezimmer Europas. Jeder, der dort wohnt, scheint auf etwas zu warten, und jeder, der nicht dort wohnt, wartet ab, was das ist – und das scheint mir eine vollendete Metapher für die *condition humaine*. Ich bleibe also noch eine Weile.

Nachweise

Wie wird man Europäer? Rede auf dem Beck-Forum, Erster Münchner Großstadtpreis, am 17. November 1991. Abgedruckt im Magazin der Süddeutschen Zeitung vom 7. Februar 1992.

Die Pfeile des Zenon. Korreferat zu Hans Magnus Enzensbergers Van-der Leeuw-Lezing über die Emigration in Groningen, gehalten am 23. Oktober 1992. Gekürzt abgedruckt in der Frankfurter Allgemeinen Zeitung am 14. November 1992.

Meine zehn wichtigsten Europa-Erfahrungen

I. Ein finsteres Spiegelbild. Zuerst erschienen auf niederländisch in Volkskrant vom 29. Januar 1988 unter dem Titel *Ständig von einem finsteren Spiegelbild umgeben.*

II. Das europäische Gespräch. Rede anläßlich eines Symposions des französischen Außenministeriums über die Zukunft und Identität Europas im Januar 1988 in Paris.

Der Sturz der Propheten. Vortrag beim Symposion »Literatur im Umbruch« in München vom 21.–23. März 1992. Die an die Teilnehmer gerichteten Fragen lauteten:

– Sind die politischen und ideologischen Veränderungen sowie die ökologische Katastrophe für die Literatur überhaupt von Relevanz?

– Wird der Osten Europas durch den Westen auch literarisch einverleibt, oder gibt es die Möglichkeit (unter der Prämisse der Andersartigkeit der Literaturen Ost und West), daß etwas Neues, Gemeinsames entsteht?

– Wird in einem Vereinigten Europa die Literatur ihre regionale literarische Idiomatik verlieren, oder wird sie sich stärker gegen Einflüsse abgrenzen?

– Was bedeutet der Begriff Nationalliteratur?

– Werden nach dem Niedergang der Ideologien gesellschaftspolitische und moralische Ausformungen der Literatur einem Ästhetizismus weichen?

– Gibt es ein literarisches Nord-Süd-Gefälle?

– Wird die Kultur (und damit die Literatur) der Industrieländer einen globalen Siegeszug antreten können?

– Kann Literatur in einer multikulturellen Gesellschaft eine integrative Funktion haben?

– Wie kann Literatur in einer Massenkonsumgesellschaft bestehen?

– In welcher Weise hat sich die Literatur in den letzten 25 Jahren verändert?

– Durch welche Rezeptionsmechanismen wird heute der Kanon der Weltliteratur gebildet?

Gekürzt abgedruckt in der Süddeutschen Zeitung vom 28. März 1992.

Eine Frage aus Brüssel. Rede gehalten auf einem Symposion in Brüssel. Die allen Teilnehmern gestellte Frage lautete: »Europa ist erneut auf der Tagesordnung. Die Schriftsteller haben heute die Frage zu beantworten, ob es eine europäische Fiktion gibt und welcher Geist sie inspiriert oder speist. Gibt es einen konkreten Gedanken, eine bestimmte Sicht, einen besonderen Modus, der der europäischen Fiktion eigen ist?« Gekürzt abgedruckt in Lettre, Winter 1989.

Im Wartezimmer Europas. Rede im Auditorium Maximum der Universität München im November 1991.

Cees Nooteboom
im Suhrkamp Verlag

Berliner Notizen. Aus dem Niederländischen von Rosemarie Still. Mit zahlreichen Abbildungen. es 1639

Der Buddha hinter dem Bretterzaun. Eine Erzählung. Aus dem Niederländischen von Helga van Beuningen. BS 1179

Die Dame mit dem Einhorn. Europäische Reisen. Leinen

Die folgende Geschichte. Aus dem Niederländischen von Helga van Beuningen. Gebunden, BS 1141 und st 2500

Gedichte. Ausgewählt, übertragen und mit einem Nachwort versehen von Ard Posthuma. Leinen

Das Gesicht des Auges. Het gezicht van het oog. Gedichte. Zweisprachig. Übertragen und mit einem Nachwort versehen von Ard Posthuma. Leinen und BS 1223

Im Frühling der Tau. Östliche Reisen. Aus dem Niederländischen von Helga van Beuningen. Leinen und st 2773

In den niederländischen Bergen. Roman. Aus dem Niederländischen von Rosemarie Stil. Gebunden und st 2253

Kinderspiele. Erzählung. Aus dem Niederländischen von Helga van Beuningen. Bütten-Broschur

Ein Lied von Schein und Sein. Roman. Aus dem Niederländischen von Helga van Beuningen. Gebunden, BS 1024 und st 2668

Mokusei! Eine Liebesgeschichte. Aus dem Niederländischen von Helga van Beuningen. st 2209

Das Paradies ist nebenan. Aus dem Niederländischen von Hans Herrfurth. st 1867

Der Ritter ist gestorben. Roman. Aus dem Niederländischen von Helga van Beuningen. Leinen und BS 1286

Rituale. Roman. Aus dem Niederländischen von Hans Herrfurth. Gebunden und st 2446

Rückkehr nach Berlin. Aus dem Niederländischen von Helga van Beuningen. Mit Fotos von Simone Sassen und Eddy Posthuma de Boer. Kartoniert

Selbstbildnis eines Anderen. Träume von der Insel und der Stadt von früher. Aus dem Niederländischen von Helga van Beuningen. Leinen

Umweg nach Santiago. Mit Fotos von Simone Sassen. Aus dem Niederländischen von Helga van Beuningen. Gebunden und st 2553

Wie wird man Europäer? Aus dem Niederländischen von Helga van Beuningen. es 1869

Der Augenmensch. Über Cees Nooteboom. Herausgegeben von Daan Carstens. st 2360

79/1/7.98

Kulturgeschichte in der edition suhrkamp

Brunkhorst, Hauke: Der Intellektuelle im Land der Mandarine. es 1403

Engler, Wolfgang: Die ungewollte Moderne. Essays. es 1925

– Die zivilisatorische Lücke. Versuche über den Staatssozialismus. es 1772

Hörisch, Jochen: Kopf oder Zahl - Die Poesie des Geldes. es 1998

Holbein, Ulrich: Der belauschte Lärm. es 1643

– Ozeanische Sekunde. es 1771

Kleinspehn, Thomas: Warum sind wir so unersättlich? Über den Bedeutungswandel des Essens. es 1410

Kurnitzky, Horst: Der heilige Markt. es 1886

Mythos und Moderne. Begriff und Bild einer Rekonstruktion. Herausgegeben von Karl Heinz Bohrer. es 1144

Scholem, Gershom: Über einige Grundbegriffe des Judentums. es 414 und es 3317

Vernant, Jean-Pierre: Die Entstehung des griechischen Denkens. Aus dem Französischen von Edmund Jacoby. es 1150

Veyne, Paul: Glaubten die Griechen an ihre Mythen? Ein Versuch über die konstitutive Einbildungskraft. es 1226

Die Wiederkehr des Körpers. Herausgegeben von Dietmar Kamper und Christoph Wulf. es 1132

308/1/12.96